ROMEON
VERLAG

Unheimliche Erinnerungen

1. Auflage, erschienen 4-2021

Umschlaggestaltung: Romeon Verlag

Text: George Eiselt

Layout: Romeon Verlag

ISBN: 978-3-96229-247-8

www.romeon-verlag.de
Bibliografische Information der Deutschen Nationalbibliothek:
Die Deutsche Nationalbibliothek verzeichnet diese Publikation in der Deutschen Nationalbibliografie; detaillierte bibliografische Daten sind im Internet über *http://dnb.dnb.de* abrufbar.

George Eiselt

Unheimliche Erinnerungen

Inhaltsverzeichnis

Einleitung

Ist Ihnen das auch schon einmal so ergangen, dass Sie mit einem Ort, wo sie Ihrer Meinung nach zuvor noch nie gewesen sind, Ereignisse verbinden, die nur darauf zurückzuführen sind, dass sie in irgendeiner Art und Weise persönliche Erinnerungen damit verbinden.

Ich meine damit nicht, dass man schon einmal etwas darüber gelesen oder vielleicht im Fernsehen gesehen hätte, nein, ich spreche hier von einer direkten und bewussten Anwesenheit an diesem Ort und damit unmittelbar verbundener Ereignisse.

Da mir genau dieses für mich unerklärliche Phänomen widerfahren ist und sich in diesem Zusammenhang sogar schreckliche Geschehnisse aus längst vergangenen Zeiten offenbarten, begann ich, nach der Ursache dieser bisher in meinem Unterbewusstsein und nun nach Außen gelangten Vorgänge zu forschen.

Die daraus resultierenden Erkenntnisse sowie die damit verbundenen Begebenheiten möchte ich im Folgenden schildern, wobei ich darauf hinweise, dass es sich lediglich um meine eigene Deutung handelt, die keinen Anspruch auf wissenschaftlich begründete Fakten erhebt.

Das Wunder der Rückerinnerung

Manch einem mag es seltsam vorkommen, aber alles begann mit dem Verzehr eines schönen Rinderbratens, den es an einem Wochenende bei einem polnischen Freund von mir, bei dem ich zu Besuch war, zu essen gab.

Das Fleisch stammte aus der eigenen Schlachtung meines Freundes, denn er betrieb genau in der Gegend von Schlesien einen Bauernhof, wo vor dem Krieg auch meine Großeltern wohnten und wo meine Mutter, die kurz nach meiner Geburt starb, auch beerdigt wurde. Da die Gräber auf dem Friedhof in diesem Ort viele Jahre nach dem zweiten Weltkrieg nicht mehr gepflegt wurden, da fast kein Deutscher mehr dort lebte, und somit immer mehr verwahrlosten, wurde die Fläche in Nutzland umgewandelt und es entstand eine große brachliegende Weidefläche.

Diese Fläche wiederum pachtete zufälligerweise mein Freund, um darauf seinen Tierbestand weiden zu lassen. Das Futter der Tiere bestand also zumindest teilweise aus Grünpflanzen, die auf dem ehemaligen Friedhofgelände wuchsen. Das Stück Rindfleisch, das nun aus seiner eigenen Schlachtung auf unserem Mittagstisch landete, stammte also ebenfalls von einem Tier, das auf dieser Weide graste. Und damit schließt sich der Kreis meiner Vermutungen, nämlich, dass sich mir nach dem Genuss dieses Rinderbratens, im Zusammenhang mit mir an und für sich unbekannten Ortschaften, weit zurückliegende Ereignisse eröffneten, obwohl ich tatsächlich noch nie in der betreffenden Gegend war.

Ich hatte sogar richtig bildliche Vorstellungen von Landstrichen sowie der damit verbundenen Natur vor Augen, als ob ich selbst in diesen längst vergangenen Zeiten dort gelebt hätte. Ich möchte an dieser Stelle noch einmal ausdrücklich betonen, dass meine Vorstellungen nicht aus irgendwelchen schriftlichen Schilderungen oder visuellen Beiträgen aus der Film- und Fernsehwelt genährt wurden, sondern sich tatsächlich wie von Zauberhand nach dem Genuss des besagten Rinderbratens auftaten.

Meiner Meinung nach kann die Ursache dieses Phänomens nur dadurch erklärt werden, weil das Erdreich dieser Weide, wo ehemals die auch schon längst zu Erde gewordenen Begrabenen gelegen hatten, mit Spuren der DNA der dort Beigesetzten durchsetzt war. Diese DNA-Spuren wiederum wurden mit Sicherheit auch von den darauf wachsenden Pflanzen aufgenommen. So gelangten sie schließlich durch die Nahrungsaufnahme der Kühe in das Fleisch derselben. Zufälligerweise hatte wahrscheinlich gerade diese Kuh, deren Fleisch bei uns auf den Mittagstisch gelangte, von dem Grünzeug, was über dem ehemaligen Grab meiner Mutter wuchs, gefressen und so gelangten Spurenelemente ihrer DNA in meinen Körper.

Für alle, die mit dem Begriff DNA nicht vertraut sind, kann vereinfacht erklärt werden, dass damit der chemische Aufbau der Erbinformationen, die im Zellkern jeder Zelle aller organischen Lebewesen, also Pflanzen, Tiere, Menschen usw. vorhanden sind, gemeint ist.

Meine Schlussfolgerung für das Zustandekommen dieser aus dem Unterbewusstsein zu Tage geförderten Ereignisse mag manchem Leser vielleicht seltsam erscheinen, aber für mich ist das die einzig mögliche Begründung für die Erinnerung an weit zurückliegende Ereignisse, die man selbst nie real erlebt haben kann.

Bei mir war es jedenfalls so, dass ich, als ich mich an den folgenden Tagen nach dem Genuss des besagten Rinderbratens immer zur Nachtruhe begab, in eine Traumwelt von Erlebnissen eintauchte, die mich so fesselte, dass ich alles an den darauffolgenden Tagen stichpunktartig aufschrieb.

Für mich waren diese im Traum vorbeiziehenden Ereignisse insofern interessant, da sie wahrscheinlich mehr als hundert Jahre zurücklagen, die Vorfahren meiner Eltern betrafen und abrupt mit dem Tod meiner Mutter endeten. Ich bekam auf diese Art und Weise einen Einblick in das Leben meiner unmittelbaren Vorfahren und den damit verbundenen, sogar teilweise schrecklichen   Ereignissen, die mir seitens meiner Großeltern und Eltern nie in dieser Tiefe überliefert wurden.

Nun möchte ich den Leser nicht länger mit diesen Vorbemerkungen langweilen, sondern versuchen, die in meinem Traum zu Tage gelangten Ereignisse zu schildern.

Eintauchen in die Vergangenheit

In der ersten Nacht hatte ich die Erscheinung von einem Wandersmann, der mit einem am Wanderstock über der Schulter hängenden Bündel, worin sich sein gesamtes Hab und Gut befand, auf einem ausgefahrenen, morastigen Feldweg kräftig ausschritt.

Aus tiefliegenden schwarzen Wolken schüttete es sintflutartig und auch sein besonders breitkrempiger Hut konnte nicht verhindern, dass er bereits nach kurzer Zeit nichts Trockenes mehr am Leibe hatte. Nach meinem im vormals geschilderten Traum zu Tage getretenen weit zurückliegenden Ereignissen, konnte es sich bei ihm nur um meinen Großvater Karl Mewis handeln, der sich nach seiner bestandenen Gesellenprüfung, der sogenannten Freisprechung, gegen Ende des 19. Jahrhunderts als Zimmerer auf der Walz befand. Er hatte schon einige Gegenden der preußischen Provinz Schlesien durchwandert und dabei bei vielen Meistern seiner Zunft praktische Erfahrungen sammeln können.

Er war von großer und kräftiger Statur und sein energischer Gesichtsausdruck zeugte von einem sehr willensstarken Charakter. Insgesamt kann man sagen, dass er eine respekteinflößende Persönlichkeit darstellte, mit der man am besten keinen Streit anfing. Speziell auf das weibliche Geschlecht wirkte er sehr anziehend, was vor allem auch damit zu tun hatte, dass er gegenüber dem schwachen Geschlecht sehr einfühlsam sein konnte.

In den vielen Ortschaften, die er auf der Walz bisher durchstreifte, hatte er demzufolge, was das weibliche Geschlecht betraf, schon etliche Herzen gebrochen. Die große Liebe aber, nach der er sich im Innersten sehnte, um endlich sesshaft werden zu können, war ihm jedoch bisher noch nicht begegnet.

Nach fast zwei Jahren, wo er in mehr oder weniger kleineren Ortschaften bei den verschiedensten Objekten sein handwerkliches Können festigen konnte, befand er sich nunmehr auf dem Weg nach Liegnitz, einem kleinen Städtchen mit ca. 15.000 Einwohnern. Er hoffte, wie schon so oft, hier beständig Fuß fassen zu können, um seinen Wunsch von einem sesshaften Leben sowie der Gründung einer Familie Wirklichkeit werden zu lassen.

Als er, gezeichnet von den vormals geschilderten Strapazen, völlig durchnässt und verdreckt die Kleinstadt erreichte, kann sich jedermann vorstellen, dass er in seiner Zimmermannskluft von den eines solchen Anblickes nicht gewöhnten Provinzlern ziemlich abschätzig betrachtet wurde.

Da er selbst auch spürte, dass er wie ein heruntergekommener Landstreicher aussah, versuchte er, als erstes eine seinen finanziellen Möglichkeiten entsprechende Unterkunft zu finden, was, wie er sehr bald feststellen konnte, sich als ein äußerst schwieriges Unterfangen darstellte. Überall, wo er auch anklopfte, wurde ihm nach kurzer Musterung die Tür vor der Nase zugeschlagen.

Nach einigen Tagen ergebnisloser Suche war ihm aber endlich das Glück hold und er fand am Stadtrand eine völlig heruntergekommene Dachgeschosswohnung, die er sich aber mit einem sehr zwielichtigen weiteren Bewohner teilen musste. Sie war zwar fußläufig fast eine Stunde entfernt vom Zentrum der Stadt, aber das Wichtigste für ihn war das Vorhandensein einer Waschmöglichkeit, denn im Hinterhof befand sich ein Brunnen mit einem Eimer am Seilzug, mit dem er sich eine im Zimmer befindliche Waschschüssel mit halbwegs sauberem Wasser füllen konnte, so dass er endlich sich und natürlich auch seine Kleidung in einen halbwegs ansehnlichen Zustand versetzen konnte.

Solchermaßen rundumerneuert begab er sich in den nächsten Tagen auf die Suche nach einer geeigneten Arbeitsstelle. Dabei kam ihm der glückliche Umstand zu Gute, dass für den Wiederaufbau einer durch einen Brand völlig zerstörten Kirche dringend

Zimmerleute gesucht wurden, die auch den Nachweis ihrer Fähigkeiten durch entsprechende Einträge im sogenannten Wanderbuch erbringen konnten. Hierin wurden von den bisherigen Meistern die Zeit der Anstellung sowie Zeugnis über die rechtschaffene Lebensweise desselben aufgeführt.

Nachdem er sich auf dieser Baustelle bis zum verantwortlichen Meister der Zimmerleute durchgefragt hatte, sprach er diesen in seiner gewohnten saloppen Art an: „He, könnt ihr noch einen tüchtigen Zimmermann gebrauchen, ihr würdet es wahrlich nicht bereuen, mich in eure Truppe aufzunehmen." Der Meister, nicht gerade sehr angetan von solch einem vorwitzigen Auftreten, musterte ihn von oben nach unten und erwiderte: „Hör mal Bürschchen, zuerst bin ich für dich nicht einfach „he", sondern immer noch der Meister Melchior und was deine Fähigkeiten betrifft, so möchte ich mir erst mal dein Wanderbuch zu Gemüte ziehen, ehe ich eine Entscheidung für eine eventuelle Anstellung bei mir fälle. Ich hoffe doch, dass du deine Unbescholtenheit und so von dir selbst gepriesene Tüchtigkeit durch ein solches Buch bestätigen kannst."

Nachdem Karl ihm das Buch aushändigte und sich der Meister von der Rechtschaffenheit des Gesellen überzeugt hatte, sprach er zu ihm: „Nun gut, ich will es mit dir versuchen, melde dich morgen in der Früh sechs Uhr zur Arbeitseinteilung bei mir."

So fand er sich also am nächsten Morgen auf der Baustelle ein und wurde in seine Aufgaben eingewiesen. Hierbei wurde er nicht erst mit irgendwelchen Hilfstätigkeiten betraut, sondern musste seine Fähigkeiten sofort beim Aufbau des Glockenturmes in schwindelerregender Höhe unter Beweis stellen.

Hier stellte sich heraus, dass er hinsichtlich seiner fachlichen Fähigkeiten sowie der bestimmenden und akzeptierten Art im Umgang mit seinen Arbeitskameraden eine absolute Vorbildfunktion einnahm. Nachdem er einige Wochen auf der Baustelle hinter sich gebracht hatte, wurde dies auch vom Meister Melchior wohlwollend zur Kenntnis genommen. Er nahm ihn deshalb eines Tages beiseite und sprach zu ihm: „Höre, ich habe dich nun einige Zeit beobachtet und mich von deiner Arbeit sowie der Vorbildwirkung gegenüber den anderen überzeugt. Deshalb möchte ich dir den Posten des Vorarbeiters der Zimmerleute anbieten, natürlich auch mit der dementsprechenden Erhöhung des Lohnes." In dem Zusammenhang muss nachträglich erwähnt werden, dass sein bisheriger Lohn nicht gerade sehr üppig war; man kann sagen, es reichte gerade so für die Mietzahlung seiner bedürftigen Unterkunft sowie, um seine kargen Malzeiten bezahlen zu können.

Wie man sich vorstellen kann, bedurfte es seinerseits keiner großen Überlegung, das Angebot anzunehmen, denn damit war für ihn ein erster Grundstein für das lange von ihm erträumte sesshafte Leben gelegt.

Mit seinem Aufstieg zum Vorarbeiter hatte er sich aber gleichzeitig einen Arbeiter aus seinem Umfeld zum Feind gemacht, der schon wesentlich länger hier arbeitete und sich selbst Hoffnungen auf diese Stellung gemacht hatte. Kurt, so hieß derjenige, versuchte ab diesem Zeitpunkt laufend, seine Kollegen gegen ihn aufzuhetzen und die allgemeine Arbeitsmoral zu untergraben.

Aber Karl fand immer wieder Mittel und Wege, um den Zersetzungsbestrebungen seines Widersachers entgegen zu treten. Oftmals kam es deswegen sogar zu handgreiflichen Auseinandersetzungen mit ihm, aber auf Grund seiner eingangs schon erwähnten überaus kräftigen Statur war es ihm jedes Mal ein Leichtes, seinen Rivalen in die Schranken zu weisen. Dass dieser aber nun nicht einfach so kampflos das Feld räumte und im Stillen Rachepläne aushecke, daran dachte Karl auf Grund seines im Prinzip gutmütigen Charakters nicht im mindesten. Aber einige Zeit später sollte er davon mehr, als ihm genehm war, zu spüren bekommen.

Aber wie gesagt, er nahm diese ewigen Zuwiderhandlungen nicht allzu ernst, da er annahm, dass sich Kurt nach und nach schon beruhigen würde.

Da sich mittlerweile der Beginn des Winters mit Schnee und frostigen Temperaturen ankündigte, mussten die Bauarbeiten am Glockenturm bis zum nächsten Frühjahr eingestellt werden. Zur Überbrückung der Wintermonate verlagerte sich der Arbeitsplatz der Zimmerleute nun in die umliegenden Waldgebiete, wo sie Bäume fällen mussten, die dann im Sägewerk vom Meister Melchior zu den benötigten Balken, Brettern und Kleinteilen verarbeitet wurden.

Gleich zu Beginn dieser Arbeiten sollte Karl zu spüren bekommen, dass die laufenden Quertreibereien seines Widersachers nicht auf die leichte Schulter zu nehmen waren.

Da dieser allmählich begriff, dass er auf normale Art und Weise nichts gegen Karl ausrichten konnte, wuchs in ihm der Entschluss, ihn auf ganz anderem Weg für immer aus seinem Umfeld zu entfernen. Bewerkstelligen wollte er dies mit einem total perfiden Plan, wobei er sogar den Tod seines Widersachers in Erwägung zog.

Nachdem sie schon einige Wochen im Wald mit den Baumfällarbeiten beschäftigt waren, ergab sich für ihn die Möglichkeit, seinen Plan Wirklichkeit werden zu lassen. Als Karl gerade mit der Axt einen mächtigen Baum bearbeitete und ihm dabei in einiger Entfernung den Rücken zuwandte, hatte Kurt im selben Moment einen Baum soweit bearbeitet, dass er nur noch ein paar Schläge benötigte, um ihn zum Fallen zu bringen.

Er hatte die Axtkerben aber so eingeschlagen, dass der Baum unweigerlich in die Richtung fallen würde, wo Karl stand. Was er damit bezweckte, kann man sich vorstellen. Zufälligerweise drehte sich Karl, aufgeschreckt durch die Geräusche des niederprasselnden Baumes, aber in dem Moment um und konnte sich mit einem beherzten Sprung noch aus der Fallrichtung des Baumes in Sicherheit bringen.

In seiner aufwallenden Wut über die fahrlässige Handlungsweise von Kurt, stürzte er sich auf ihn und beförderte ihn mit einem gewaltigen Schlag zu Boden. Dort unten, auf ihm kniend, bearbeitete er ihn noch mit ein paar Fausthieben und hätte ihn wahrscheinlich bis fast zur Unkenntlichkeit zugerichtet, wenn nicht die anderen Arbeiter beherzt dazwischen gegangen wären. Auf den Gedanken, dass der Vorfall keineswegs nur eine leichtsinnige Handlung von seinem ewigen Widersacher war, sondern mit voller Absicht erfolgte, kam er nicht im Entferntesten.

Mit Beginn des Frühlings konnten endlich die Arbeiten am Glockenturm fortgesetzt werden und nach einigen Wochen war es endlich soweit, dass der Abschluss der Zimmerarbeiten mit dem Richtfest seine Krönung finden konnte.

Bevor es soweit war, musste jedoch erst, wie es damals Brauch war, der Richtkranz auf die Spitze der Holzkonstruktion des Kirchturmes aufgesetzt werden.

Der mit Blumen und bunten Bändern geschmückte Kranz war in den Wochen zuvor von den weiblichen Angehörigen der am Bau beteiligten Arbeiter gefertigt und mit einem Leiterwagen zum Kirchplatz transportiert worden. Das Aufsetzen des Kranzes war immer ein herausragendes Ereignis zum Abschluss der Zimmererarbeiten.

Zu diesem Anlass wurde vom Bauherrn ein geselliges Beisammensein für alle am Bau beteiligten Arbeiter sowie deren Angehörigen im Gemeindesaal ausgerichtet, wo alle auf seine Kosten mit Getränken und Speisen jeglicher Art beköstigt wurden.

Vor Beginn dieses festlichen Ereignisses musste aber erst einmal der Richtkranz an der Spitze des Kirchturmes aufgesetzt werden. Dieses Unterfangen wurde in aller Regel vom Vorarbeiter der Zimmerleute ausgeführt und so war es auch dieses Mal.

In dieser Angelegenheit nunmehr sah sein ewiger Widersacher Kurt eine einzigartige Möglichkeit, diesen endgültig unschädlich zu machen. Zu diesem Zweck präparierte er zuvor in einem unbeobachteten Augenblick die obersten Dachslatten kurz vor der Turmspitze solchermaßen, dass sie bei geringster Belastung brechen mussten und die betreffende Person unweigerlich in die Tiefe stürzen würde. Es kam nun auch so, wie er es geplant hatte, denn als Karl, den ziemlich unhandlichen Richtkranz in der einen Hand, die solchermaßen präparierte Stelle erreichte, brachen die Dachlatten durch und er stürzte mit einem lauten Schrei in die Tiefe.

Durch diesen Schrei unsanft aus dem Schlaf gerissen, wachte ich schweißgebadet auf und konnte, wie man sich vorstellen kann, auch nicht wieder einschlafen. Den restlichen Tag lang war ich nicht imstande, während meiner Arbeit diesen Vorfall aus meinem Gedächtnis zu streichen. Selbst, nachdem ich mich dann endlich abends zu Bett begab, ließ mich das Ereignis nicht mehr los. Als mich dann endlich doch der Schlaf übermannte, tauchte ich aber wieder in diese merkwürdige Traumwelt ein, es ging sogar dort weiter, wo ich in der letzten Nacht abrupt aus dem Schlaf gerissen wurde.

Der von seinem Todfeind ausgelöste Absturz hatte letztendlich nicht den von ihm erhofften Erfolg. Karl gelang es nämlich, sich in letzter Sekunde vor Erreichen der untersten Sprossen des Glockenturmes an einem Balken festzuklammern und sich daran wieder hochzuziehen, so dass er wieder einen sicheren Stand hatte.

Es kann sich jeder vorstellen, dass während dieses Zwischenfalls die gesamte unten versammelte Festgesellschaft in eine gewisse Schreckstarre verfiel, die sich erst in dem Moment löste, als Karl sich aus der prekären Situation befreit hatte.

Nachdem der Richtkranz, der natürlich bei dem Sturz einiges abbekommen hatte, wieder in seine ursprüngliche Form versetzt wurde, stand dem Aufsetzen auf die Kirchturmspitze durch Karl nichts mehr im Weg.

Die vom Bauherrn arrangierte Feierlichkeit konnte nun endlich beginnen. Da ja die Speisen und Getränke unentgeltlich verkonsumiert werden konnten, wurde davon auch reger Gebrauch gemacht, so dass die vorhergegangenen Ereignisse bald in Vergessenheit gerieten. Das traf aber nicht auf Kurt zu, der nicht darüber hinwegkam, dass sein Plan, Karl unschädlich zu machen, völlig fehlgeschlagen war.

Er versuchte, seinen Unmut dermaßen im übermäßigen Genuss von Alkohol zu ertränken, dass er nach einiger Zeit in seinen Handlungen total unkontrolliert war. Als er nun, obwohl er sich kaum noch auf den Beinen halten konnte, eine junge, hübsche Frau zum Tanz aufforderte und diese, nachdem sie ablehnte, gewaltsam auf die Tanzfläche schleppen wollte, sah sich Karl, der das Geschehen beobachtet hatte, gezwungen, einzugreifen.

Es war für ihn wahrlich kein großer Kraftakt vonnöten, um den völlig Betrunkenen von der Dame zu trennen und diesen mit einem kräftigen Schwung nach draußen zu befördern.

So ganz selbstlos war sein Handeln aber auch nicht, denn er selbst hatte schon zu Beginn der Veranstaltung einige Blicke auf diese Dame geworfen. Was sie betraf, so war sie von seiner Erscheinung ebenfalls sehr eingenommen, was sich darin zeigte, dass sich ihre Blicke häufig trafen.

Nun war aber diese junge Frau, die er maximal auf achtzehn Jahre einschätzte, nicht ein x-beliebiges junges Fräulein, sondern die Tochter eines sehr wohlhabenden, angesehenen Unternehmers der Stadt, der mit einer beträchtlichen finanziellen Spende für den Wiederaufbau der Kirche gesorgt hatte. Man sah auch an der Kleidung und der gesamten Erscheinung der jungen Dame, dass sie nicht so recht in das Bild der übrigen Gesellschaft passte und sie sich demzufolge nicht gerade wohl in ihrer Haut fühlte.

Karl, der mitbekam, dass ihr der übermütige Trubel der teilweise schon sehr vom Alkohol angeheiterten Menge nicht allzu geheuer war, fasste sich, als die Musik wieder einsetzte, jedoch ein Herz, ging zu ihr und bat sie um den nächsten Tanz. Er bekam natürlich keine abschlägige Antwort und führte sie auf die Tanzfläche.

Dort angekommen, sprach sie zu ihm: „Ich weiß zwar nicht, weshalb Sie für mich Ihre Gesundheit riskiert haben, aber ich möchte mich zutiefst bei Ihnen bedanken, dass Sie mich von diesem Grobian befreit haben. Ich wage nicht, daran zu denken, was ohne Ihr beherztes Eingreifen hätte noch alles passieren können. Mein Vater, der dies alles auch mit großer Sorge hat mit ansehen müssen, äußerte übrigens den Wunsch, sich bei Ihnen persönlich bedanken zu wollen.

Aber in dem Moment, als er sich zu Ihnen begeben wollte, forderten Sie mich zum Tanz auf. Ich würde mich deshalb freuen, wenn ich Sie anschließend nach diesem Tanz meinem Vater vorstellen dürfte. Sind Sie damit einverstanden?" Obwohl es ihm irgendwie peinlich war, dass wegen dieser, seiner Meinung nach, nichtigen Angelegenheit so viel Aufhebens gemacht wurde, sagte er zu.

Als die Tanzkapelle aufhörte zu spielen und eine Pause einlegte, führte sie ihn, wie vereinbart zu ihrem Vater. Dieser stellte sich ihm zunächst vor und bedankte sich für dessen beherztes Eingreifen. Karl erfuhr nun, dass es sich bei ihm um einen gewissen Herrn Kowalski handelte, der eines der größten Bauunternehmen in Liegnitz mit weit über 400 Beschäftigten sein Eigen nannte.

Im Verlauf des Gespräches interessierte sich der Bauherr auch für den Lebenslauf von Karl selbst. Er musste ihm seinen beruflichen Werdegang schildern, Schulbildung, was er verdiente, wo er wohnte und vieles andere mehr.

Auf die eine oder andere Art musste Karl hierbei einen sehr positiven Eindruck auf den Unternehmer ausgeübt haben, denn dieser bot ihm an, sich einmal in seinem Büro bei ihm zu melden, um mit ihm über eine eventuelle Anstellung zu sprechen. Zu diesem Anlass sollte er auch, wie schon vormals beim Meister Melchior, die Nachweise seiner schulischen und beruflichen Laufbahn vorlegen.

In den folgenden Tagen bescherte ihm das Gespräch mit dem Vater der hübschen, jungen Frau manche schlaflose Nacht und es dauerte einige Tage, bis er alles richtig verarbeitet hatte. Dann aber fasste er den Entschluss, das Angebot des Herrn Kowalski anzunehmen, und vereinbarte mit seinem Büro einen Termin für die von ihm angebotene Vorsprache. Er dachte, dass er sich dessen Angebot ja mal erläutern lassen könnte, denn vielleicht könnte er sich arbeits- und verdienstmäßig verbessern, andererseits würde sich ihm solch eine Gelegenheit vielleicht so schnell nicht wieder bieten. Außerdem hatte er dabei noch den Nebengedanken, bei dieser Gelegenheit vielleicht die junge Dame noch einmal zu Gesicht zu bekommen, denn die Begegnung mit ihr anlässlich des Richtfestes ging ihm nicht mehr aus dem Kopf.

Am betreffenden Tag der Vorsprache, es war eine Zeit nach der Beendigung seines Arbeitstages vereinbart worden, ließ er seinem Körper eine besonders gründliche Reinigungsaktion angedeihen, so dass er fast wie neugeboren erstrahlte. Außerdem zog er sich aus seinem nicht gerade umfangreichen Fundus die Sonntagsausgehgarderobe an und solchermaßen regelrecht frisch aufpoliert machte er sich auf den Weg. Wie eingangs erwähnt, hatte er ja so ziemlich eine Stunde Wegstrecke zu bewältigen, um ins Zentrum der Stadt zu gelangen. Die Strecke hatte er ja arbeitsbedingt am selben Tag schon zweimal hinter sich gebracht.

Als er zum vereinbarten Zeitpunkt im Büro des Unternehmers eintraf, erwartete dieser ihn schon im Beisein von zwei weiteren Herren. Wie er später erfuhr, handelte es sich bei diesen beiden um den Prokuristen sowie den für die Zimmerleute zuständigen Meister.

Nachdem er diesen kurz vorgestellt wurde, musste er seinen Werdegang nochmals ausführlich schildern, wobei speziell seine tadelsfreie schulische und berufliche Ausbildung im Vordergrund stand, die er mit den mitgebrachten Zeugnisunterlagen bestätigen konnte. Im Verlauf der Unterredung machte er wahrscheinlich auch auf den Prokuristen sowie den Meister einen soliden Eindruck, denn, nachdem sie sich kurz berieten, währenddessen er im Vorraum wartete, machte ihm der Bauunternehmer ein Angebot, das ihm fast die Sprache verschlug. Ihm wurde die Position des Vorarbeiters der Zimmerleute des Unternehmens angeboten, wobei der Monatslohn jedoch mehr als das Doppelte seines bisherigen ausmachte.

Was sein bisheriges Arbeitsverhältnis betraf, sollte er sich keine großen Gedanken machen, denn das würden sie im Einvernehmen mit seinem ehemaligen Arbeitgeber regeln, der im Übrigen die meisten seiner Aufträge über sie bezog. Im selben Zusammenhang sollte auch seine Wohnungssituation verbessert werden, denn sein jetziges, von ihm geschildertes Wohnverhältnis sowie der Arbeitsweg von über einer Stunde wäre für die Ausübung seiner neuen Tätigkeit nicht förderlich. Man wolle ihm deshalb eine kleine Wohnung in einem der zum Unternehmen gehörenden Mietshäuser suchen, so dass er relativ zentrumnah untergebracht wäre. Falls sich der Leser nun wundert, wie es in seinem Fall hier zu solch einer traumhaften Offerte kommen konnte, so muss darauf hingewiesen werden, dass das Angebot an qualifizierten und vor allem verlässlichen Leuten in der damaligen industriellen Aufbruchszeit sehr rar gesät war.

Es war, so kann man sagen, für Karl ein regelrechter Glücksumstand, dass er durch die Geschehnisse am besagten Richtfest zufälligerweise zur rechten Zeit am richtigen Ort war.

Als er sich nach dieser Unterredung wieder auf dem Heimweg befand und sich das soeben erlebte noch einmal richtig verinnerlichte, konnte er das alles fast gar nicht fassen. Selbst der Umstand, dass er, wie sehnlichst gehofft, das hübsche junge Fräulein nicht zu Gesicht bekommen hatte, konnte seine Euphorie nicht mindern. Er dachte, dass sich bestimmt in den nächsten Wochen, nach Antritt seiner neuen Arbeitsstelle, die Gelegenheit ergeben würde, sie näher kennenzulernen.

Die Zeit bis zum Beginn seines neuen Lebensabschnittes, so nannte er für sich selbst den bevorstehenden Arbeitsplatzwechsel und den damit verbundenen Umzug in eine eigene Wohnung, verging fast wie im Flug und endlich war es soweit, dass tatsächlich alles Wirklichkeit wurde. Ehrlich gesagt, hatte er bis dahin immer noch irgendwie Bedenken, ob das alles tatsächlich so eintreten würde. Als er schließlich kurz vor Antritt seiner neuen Arbeitsstelle durch den Prokuristen der Baufirma seine neue Wohnung zugewiesen bekam, wusste er, dass er keiner Halluzination aufgesessen und in der Realität angekommen war.

Die Wohnung selbst befand sich in einer Nebenstraße des Marktplatzes in einem durchaus gepflegten dreigeschossigen Mietshaus des Bauunternehmers. Das Mietshaus war im Unterschied zu den normalen Mietshäusern dieser Zeit sogar ziemlich neuzeitlich ausgestattet. In allen Zimmern der Wohnungen befanden sich Petroleumlampen, was für die damalige Zeit durchaus noch keinen Standard darstellte. Außerdem besaß jede Wohnung einen Wasseranschluss und pro Etage ein Plumpsklo, das von den Bewohnern gemeinsam genutzt wurde.

Für alle, die mit dem Begriff Plumpsklo nichts anzufangen wissen, sei erklärt, dass dies eine Toilette ohne Wasserspülung ist, wo die Exkremente des Stuhlganges in einen sich unter der Toilettenbrille befindlichen Behälter „plumpsten", der, wenn er gefüllt war, in der Natur entleert werden musste.

Seine Wohnung befand sich in der ersten Etage und bestand aus einer relativ geräumigen Wohnküche und einem kleinen Schlafraum und war bereits mit dem notwendigsten Mobiliar ausgestattet. Die Miete machte zwar fast die Hälfte seines Lohnes aus, aber der Anteil, der ihm nach Abzug aller Kosten anschließend noch zur Verfügung stand, ermöglichte ihm trotzdem noch eine Lebensführung, die beileibe nicht dem Standard eines normalen Fabrikarbeiters entsprach.

Was den Eintritt in sein neues Arbeitsleben betraf, hatte er anfangs zwar große Bedenken, ob er diesen gehobenen Ansprüchen gerecht werden würde, denn er hatte jetzt die Verantwortung über die Koordinierung der Arbeit von fast 40 Arbeitern. Aber, wie er bald merkte, wurde er auf Grund seines sicheren und respekteinflößenden Auftretens von allen akzeptiert, so dass er die ihm übertragenen Aufgaben zu höchster Zufriedenheit seines Meisters erfüllte.

Nach einigen Monaten, die, wie man ihm anfangs schon darlegte, als Probezeit anzusehen waren, wurde ihm mitgeteilt, dass er nach Feierabend zusammen mit seinem Meister in das Büro des Prokuristen kommen sollte. Obwohl er wusste, dass an seiner Arbeit nichts auszusetzen war, hatte er das ungute Gefühl, dass es mit einer Festanstellung nun doch nichts werden würde. Noch dazu, da sein Meister auch nicht wusste, warum sie sich beim Prokuristen einfinden sollten. Aber es stellte sich heraus, dass dem nicht so war, denn ihm wurde mitgeteilt, dass man mit seiner Arbeit sehr zufrieden war und er das in ihn gesetzte Vertrauen in vollem Umfang gerechtfertigt hatte. Deshalb wollte man ihn dauerhaft an das Unternehmen binden und dies mit einem schriftlich formulierten Vertrag mit beiderseitiger Unterschrift bestätigen.

Man kann sich vorstellen, dass er vor Freude fast einen Luftsprung getätigt hätte, denn damit wurde sein Traum von einem sesshaften Leben zumindest zu einer Hälfte war.

Die andere Hälfte, so dachte er, nämlich das Gründen einer richtigen Familie mit Kindern und allem, was dazu gehörte, würde sich in naher Zukunft schon dazugesellen. Dabei dachte er aber nicht an eine Verbindung mit der eingangs erwähnten Tochter des Unternehmers, bei dem er angestellt war, da er wohl einschätzen konnte, dass er in so hoch angesiedelte Kreise des Bürgertums nie eindringen könnte.

In diesen Kreisen war es damals allgemein üblich, dass für die Töchter eine Verbindung mit jemandem aus mindestens der gleichen gesellschaftlichen Schicht vorbestimmt wurde.

Für seine Familienplanung dachte er eher an die Tochter seines ehemaligen Meisters Melchior, denn bei ihr spürte er schon seit langem, dass sie einer tieferen Verbindung mit ihm nicht abgeneigt war. Mit ihr hatte er schon einige heimliche Verabredungen, wo sie ihre gegenseitigen Zuneigungen durch viele innige Zärtlichkeiten schon oftmals vertieften.

Diese junge Frau, die kurz vor Vollendung des 18. Lebensjahres stand und auf den Namen Gudrun hörte, war unter anderem mit der Grund für die hasserfüllten Gefühle seines ewigen Widersachers Kurt. Denn bevor Karl in dessen Lebenskreis trat, war er selbst emsig bemüht, ihre Zuneigung zu erlangen. Doch seine grobschlächtige und besitzergreifende Art waren nicht dazu angetan, ihm ihr Herz zu öffnen, was er wiederum in seiner Einfältigkeit einfach nicht begreifen konnte.

Als sie nun sogar Karl ihre Liebe angedeihen ließ, steigerte sich sein Hass auf ihn dermaßen, dass er sich die perfidesten Pläne ausdachte, um ihn dauerhaft aus seinem Umfeld verschwinden zu lassen. Als ihm nun auch noch zu Ohren kam, dass dieser sowohl in beruflicher Hinsicht als auch in seinem persönlichen Leben eine Entwicklung genommen hatte, von der er noch nicht einmal träumen konnte, war der Siedepunkt seiner Hassgefühle erreicht. Seine Gedankenwelt wurde jetzt nur noch von einem Ziel beherrscht, nämlich das Problem ein für alle Mal einer Lösung zuzuführen.

Für Karl, der nicht im mindesten einen Gedanken daran verschwendete, dass Kurt solche abscheulichen Gedanken gegen ihn hegte und dabei sogar vor nichts zurückschrecken würde, um ihn regelrecht ins Jenseits zu befördern, ging das Leben ganz normal weiter. Tagsüber steckte er seine ganze Energie in die Erfüllung der ihm übertragenen Aufgaben, wobei er sich laufend Verbesserungen der Arbeitsabläufe ausdachte, was ihm in den Augen seiner übergeordneten Vorgesetzten immer größere Achtung einbrachte.

Wenn er dann abends nach einem mindestens zehnstündigen Arbeitstag ziemlich erschöpft nach Hause kam, begab er sich nicht, wie zu vermuten war, zur wohlverdienten Nachtruhe, sondern widmete sich seinen neuesten Träumen.

Er hatte sich nämlich zum Ziel gesetzt, ein eigenes kleines

Häuschen zu bauen, um damit den Grundstein für die Gründung einer Familie, natürlich zusammen mit Gudrun, zu schaffen. Dem Prokuristen seines Arbeitgebers hatte er schon im Vorfeld seinen Wunsch geschildert und alle damit im Zusammenhang stehenden Probleme klären können.

Dazu gehörte auch, dass ihm sein Arbeitgeber aus seinem Besitz unweit des Zentrums des Städtchens ein kleines Grundstück verpachtete, auf dem er seine Träume verwirklichen konnte. Durch seine sehr einfache und sparsame Lebenshaltung hatte er sich schon ein beträchtliches Sümmchen zusammengespart und den fehlenden Betrag stellte ihm ebenfalls sein Arbeitgeber als Darlehen zur Verfügung, das er in monatlichen Raten tilgen konnte. Wie vormals schon angedeutet, wurden ihm diese Möglichkeiten nur deshalb eröffnet, da man ihn als herausragende Fachkraft fest an das Unternehmen binden wollte.

Nun saß er also mehrere Monate Abend für Abend über einem Stapel Literatur, um sich mit den wichtigsten Grundlagen des Hausbaues vertraut zu machen.

Doch auch diese Wochen der für ihn ungewohnten Arbeit gingen vorbei und endlich war es soweit, dass er mit dem Hausbau beginnen konnte. Er verbrachte nun jeden Tag mehrere Stunden nach seinem Feierabend einschließlich den Sonntagen auf seiner Baustelle. Bei all den Verrichtungen, die er nicht selbst bewerkstelligen konnte, durfte er   Arbeiter aus dem Unternehmen hinzuziehen, die sich freuten, ihren kargen Lohn auf diese Weise aufbessern zu können.

Als der Rohbau fast fertiggestellt war und der Zeitpunkt des Richtfestes nahte, suchte er seinen ehemaligen Meister Melchior auf und lud ihn und seine Familie zu der damit verbundenen Feier ein. Vorher schon hatte er von Gudrun bei einem der durch die viele Arbeit bedingt seltener gewordenen Treffen ihr Einverständnis erhalten, anlässlich dieser Feier bei ihrem Vater um ihre Hand anhalten zu dürfen.

Selbstverständlich sollte es nicht gleich um einen Heiratsantrag gehen, sondern um die Zustimmung zur Verlobung.

Am Tag des Richtfestes brachte er, wie es Brauch war, den Richtkranz an, diesmal übrigens ohne lebensbedrohliche Zwischenfälle. Aber das sollte nicht bedeuten, dass sein ewiger Rivale Kurt sein Vorhaben, ihn zu vernichten, endgültig aufgegeben hätte. Er hatte schon längst im Stillen einen, seiner Meinung nach, todsicheren Plan zur endgültigen Beseitigung seines ewigen Widersachers ausgeheckt.

Nach einer kurzen, feierlichen Ansprache und Danksagung an alle am Bau beteiligten Arbeiter eröffnete er die Feierlichkeiten.

Bevor die bei solchen Festivitäten überbordende Stimmung ihren Höhepunkt erreichte, schritt er mit Gudrun an der Hand zum Meister Melchior und sprach zu ihm: „Sehr geehrter Meister Melchior, schon einmal stand ich Ihnen gegenüber, vor fast drei Jahren, als ich mich in meiner damals noch ziemlich vorlauten Art um eine Anstellung als Zimmermann bewarb.

Nachdem ich mich, wie ich meine, zum durchaus brauchbaren Handwerker gewandelt habe, stehe ich nun wieder vor Ihnen. Aber dieses Mal steht mir etwas ganz anderes im Sinn, nämlich, Sie um Ihr Einverständnis zur Verlobung mit Ihrer Tochter Gudrun zu bitten."

Obwohl der Meister es mit der Zeit doch schon mitbekommen hatte, dass es zwischen seiner Tochter und Karl zu einer Beziehung gekommen war, war er im ersten Moment doch ein wenig überrascht. Er hätte nie geglaubt, dass diese Beziehung von solch tiefgründiger Natur war, dass daraus eine richtig feste Verbindung entstehen würde. Nun ja, nachdem der Meister seine Tochter noch einmal fragte, ob sie es denn auch aus tiefsten Herzen wolle, und sie es freudig bejahte, gab er seine Zustimmung. Jetzt brachte Karl seine schon vorsorglich gekauften silbernen Verlobungsringe zum Vorschein und sie steckten sie sich gegenseitig über ihre Ringfinger.

Nun durften sie sich das erste Mal öffentlich küssen, ohne sich vor den Blicken anderer verstecken zu müssen.

Als sein oberster Chef, nämlich der Bauunternehmer Kowalski, der auch zu den Feierlichkeiten geladen war, von der Verlobung seines Vorarbeiters erfuhr, übergab er ihm spontan als Verlobungsgeschenk einen Scheck in Höhe eines Monatslohnes. Dabei sprach er zu ihm: „Mit diesem kleinen Geldgeschenk verbinde ich den Wunsch, dass Deine Entwicklung weiterhin stetig bergauf geht, mit dem Ziel, dass Du in nicht so ferner Zeit eine Stellung in unserem Unternehmen als Meister einnehmen kannst. Also ich wünsche Euch beiden weiterhin, dass alles gelingen möge, was Ihr Euch noch so vornehmt."

Karl, der eine solche Entwicklung des Geschehens nie und nimmer erwartet hatte, bedankte sich für diese unerwartete finanzielle Zuwendung sowie für das in ihn gesetzte Vertrauen und versprach, weiterhin sein Bestes zum Wohle des Unternehmens zu geben.

Als er abends in seinem Bett lag und den Tag noch einmal Revue passieren ließ, wurde ihm erst einmal richtig bewusst, was er seit seinem Eintreffen in dieser Kleinstadt alles erreicht hatte. Er erinnerte sich noch ganz genau an den verregneten, stürmischen Tag, als er wie ein Landstreicher völlig durchnässt und verdreckt hier ankam und ihm alle Türen vor der Nase zugeschlagen wurden.

Und nun lag er in einem sauberen Bett, war verlobt mit einer hübschen jungen Frau und hatte eine Zukunft vor sich, die er sich nie erträumt hatte. Es kam ihm regelrecht unheimlich vor, was für eine stetig aufsteigende Entwicklung er bis jetzt genommen hatte. Dass ihm seitens seines Widersachers Kurt, an den er fast gar nicht mehr dachte, noch manches bedrohliches Ungemach drohte, ahnte er nicht im mindesten.

Die folgenden Wochen und Monate verliefen derweil ohne besondere Zwischenfälle. Tagsüber verrichtete er seine Arbeit im Bauunternehmen und nach Feierabend sowie an den ansonsten freien Sonntagen arbeitete er an der Fertigstellung seines kleinen

Häuschens. Nach fast einjähriger Bauzeit war es dann endlich soweit und er konnte seine kleine Wohnung aufgeben und in sein neues Domizil umziehen.

Das Haus bestand aus Erdgeschoss und erster Etage. Im Erdgeschoss befand sich eine geräumige Wohnküche, ein separates Wohnzimmer, sowie eine Badestube, die sogar eine Wasserzuleitung aus dem städtischen Brunnen hatte. Letzteres entsprach schon fast dem gehobenen Standard des mittleren Bürgertums, denn die einfachen Leute mussten normalerweise ihr Wasser in mühseliger Arbeit in zentral gelegenen Ziehbrunnen schöpfen und in Eimern nach Hause tragen.

In der ersten Etage, die über eine Treppe aus der Wohnküche zu erreichen war, hatte er ein Schlafzimmer und, in weiser Voraussicht, auch ein Kinderzimmer angesiedelt. In diesem stand sogar schon ein hübsches Kinderbett auf gebogenen Kufen, so dass man das Kind darin schön in den Schlaf schaukeln konnte. Das Bettchen sowie fast die gesamte Einrichtung des kleinen Häuschens hatte er alles selbst in seiner feiern Zeit gefertigt.

Nun konnte er es kaum erwarten, dass seine heiß geliebte Gudrun zu ihm in das Haus einzog. Aber bis dahin musste er sich noch etliche Monate gedulden, denn erst, wenn Gudrun das 21. Lebensjahr erreicht hatte, konnte er mit ihr den Bund der Ehe schließen und sie zu sich ins neue Heim holen. Das bedeutete für ihn aber auch, dass er mit einer soliden beruflichen Entwicklung die Grundlagen dafür legte, dass die finanziellen Voraussetzungen für den Unterhalt einer Familie beständig sichergestellt waren. Aber auch in dieser Hinsicht sollte er bald wieder das Glück des Tüchtigen auf seiner Seite haben, worauf zu einem späteren Zeitpunkt noch näher eingegangen werden soll.

Vorher wollen wir erst noch einen Blick auf seinen, ihm immer noch nicht gerade freundlich gesinnten, Nebenbuhler Kurt werfen. Dem war natürlich nicht entgangen, dass Karl sich inzwischen schon mit der für ihn unerreichbaren Gudrun verlobt und inzwischen sogar sein eigenes Häuschen bezogen hatte. Sein Hass auf ihn war weiterhin noch tief in ihm verwurzelt und sein Ziel, ihn für immer und ewig zu vernichten, wobei er sogar dessen Tod in Betracht zog, beschäftigte ihn laufend. Er wartete nur auf die richtige Möglichkeit, damit nicht wieder etwas seine schändlichen Absichten zunichtemachen konnte.

Da die Zimmerleute des Meisters Melchior, bei dem Kurt ja noch beschäftigt war, sehr oft für gemeinsame Objekte des Bauunternehmers Kowalski, also dem Unternehmen, wo Karl die Stellung des Vorarbeiters ausübte, hinzugezogen wurden, hatte er schon mehrfach versucht, ihn bei den verschiedensten Gelegenheiten ins Jenseits zu befördern.

Aber, wie man sieht, war es ihm bis zum jetzigen Zeitpunkt nicht gelungen, seine mörderischen Pläne erfolgreich zum Abschluss zu bringen. Nun fasste er den Entschluss, sein Vorhaben in dessen privatem Umfeld, nämlich in seinem eigenen Haus, durchzuführen. Zu diesem Zweck beobachtete er in den späten Abendstunden, wenn Karl von der Arbeit nach Hause kam, wann er sich immer zur Nachtruhe begab. Dass sich sein Schlafzimmer in der ersten Etage befand, hatte er schon bald ausgekundschaftet. An dem Abend, an dem er sich nun vorgenommen hatte, seinen Widersacher endgültig aus dem Weg zu räumen, wartete er in einer dunklen Ecke, wo ihn keiner beobachten konnte, bis Karl im Haus verschwunden war. Als dieser dann zu später Stunde nach oben ging und kurz darauf die Petroleumlampe löschte, verharrte er noch eine geraume Zeit, bis er der Meinung war, dass Karl jetzt fest und tief schlief.

Als es fast Mitternacht war, schlich er sich leise zum Haus und drückte fast lautlos die Scheibe vom Küchenfenster ein. Nun nahm er einen alten Lappen, den er vorher zu diesem Zweck mitgebracht hatte, tränkte ihn satt mit Petroleum und zündete ihn an. Den brennenden Lappen warf er jetzt durch die eingedrückte Scheibe auf den Dielenboden der Küche, in der Hoffnung, dass diese Feuer fing und sich die Flammen in Windeseile so schnell ausbreiten würden, dass der im Obergeschoss tief und fest schlafende Karl sich nicht mehr retten und bei lebendigem Leibe verbrennen würde.

Das Ergebnis seiner schändlichen Tat wartete er jedoch nicht ab, sondern suchte so schnell wie möglich seine eigene dürftige Unterkunft auf, damit er mit dem Brandgeschehen nicht in Verbindung gebracht werden konnte.

Als er am Morgen dieser Nacht auf der Baustelle erschien und Karl dort nicht auftauchte, wurde er von solch einem Hochgefühl durchströmt, wie er es schon lange nicht mehr genossen hatte. Nahm er doch an, dass sein Anschlag von Erfolg gekrönt war und er seinen Todfeind endgültig zur Strecke gebracht hatte.

Aber, wie wir bald erfahren werden, hatte sein Brandanschlag wieder nicht das von ihm so sehnsüchtig erwartete Ergebnis erbracht.

Was aber meinen eigenen erquicklichen Schlaf betraf, so wurde er wieder einmal durch diesen auf meinen Urgroßvater verübten Anschlag abrupt unterbrochen. Ich hörte mich im Traum lauthals um Hilfe schreien, da ich in meiner Einbildung durch den sich ausbreitenden Rauch regelrecht in Atemnot geriet und starke Hustenkrämpfe bekam.

Als dann schließlich die Flammen bereits an meinem Bett hochzüngelten und die Flammen auf meinen Körper übergriffen, wachte ich zitternd vor Angst auf. Meine erste Reaktion war, dass ich aus dem Bett sprang und panisch um mich blickte, bis ich endlich richtig erwachte und mitbekam, dass ich alles, Gott sei Dank, nur geträumt hatte.

Ich konnte mich also wieder beruhigt ins Bett begeben und versank sogleich weiterhin in einen tiefen Schlaf. Nun tauchte ich wieder wundersamerweise in die Traumphase ein, die mich gerade so plötzlich aus dem Schlaf gerissen hatte.

Aber diesmal wurde mein wohlverdienter Schlaf nicht wieder

gestört, denn mein Urgroßvater überstand den Mordanschlag und lebte quietschvergnügt weiter.

Nachdem nämlich der mit Petroleum getränkte, brennende Stofffetzen auf dem Dielenboden gelandet war, entstand an dieser Stelle zwar ein leichter Schwelbrand, der sich jedoch zunächst nur ganz langsam ausbreitete. Infolgedessen setzte zuerst nur eine starke Rauchentwicklung ein, bevor sich ein richtiger offener Brand entwickelte.

Durch diesen Rauch, der nach einer gewissen Zeit auch das Obergeschoss erreichte und demzufolge auch in das Schlafzimmer, wo Karl schlief, eindrang, wurde er glücklicherweise aus dem Schlaf gerissen. Er rannte, ohne sich anzukleiden, die Treppe hinunter, um zu ergründen, woher der Rauch kam. Inzwischen hatte sich in der Küche ein regelrechter Brand entwickelt und einige Möbelstücke brannten schon lichterloh.

Nun kam ihm der Umstand zu Gute, dass er in seiner Badestube eine eigene Wasserzuleitung besaß, so dass er, ohne erst weite Wege zurücklegen zu müssen, sofort mit der Löschung der Brandherde beginnen konnte. Da er gleichzeitig laut um Hilfe gerufen hatte, auch um ein Übergreifen des Brandes auf benachbarte Gebäude zu verhindern, halfen viele Anwohner mit, den Brand zu löschen.

Die inzwischen eingetroffene freiwillige Feuerwehr brauchte fast gar nicht mehr einzugreifen, denn die Brandherde waren bis dahin schon fast gelöscht. Letztendlich entstand im Erdgeschoss zwar ein erheblicher Schaden, aber im Großen und Ganzen lief alles noch relativ glimpflich ab.

Am darauffolgenden Morgen hatte er, nachdem er jemanden beauftragte, seinen Meister über das Geschehen zu informieren, zuerst alle Hände voll zu tun, um die Brandspuren zumindest halbwegs zu beseitigen. Das war also der Grund, weshalb er an diesem Tag nicht auf der Baustelle erschien.

Kurt, der tagsüber von alledem nichts mitbekam, begab sich am

Abend nach Feierabend an den Ort seines schändlichen Tuns in der Erwartung, dort anstelle des Hauses nur noch einen verkohlten Haufen anzutreffen. Als er dort ankam und sah, dass das Haus rein äußerlich noch unversehrt am selben Platz stand und, was das Schlimmste war, Karl, zwar teilweise mit etlichen verbundenen Gliedern, dort werkeln sah, schoss ihm jedoch dermaßen der Schreck durch seine Glieder, als hätte er die Bekanntschaft mit Gespenstern gemacht.

Er hatte so gehofft, nun endlich am Ziel seiner Träume angekommen zu sein, musste nun aber erschüttert sehen, dass wieder alles umsonst war.

Karl, der sich nicht vorstellen konnte, wo die Ursache des Brandes zu suchen war, kam niemals der Gedanke, dass dahinter ein Brandanschlag eines ihm nicht gut gesinnten Nebenbuhlers steckte.

Erst einige Tage danach, als er wegen des Brandes noch einmal ein Gespräch mit dem Hauptmann der freiwilligen Feuerwehr führte, wurde er von diesem darauf hingewiesen, dass der Brand nicht einfach so von selbst entstanden sein konnte.

Nachdem ihm Karl schilderte, dass, bevor er sich zur Nachtruhe begab, keine Petroleumlampe unbeobachtet brannte und im Ofen auch kein Feuer war, klärte dieser ihn auf, dass schon ein Wunder geschehen sein müsste, wenn sich irgendetwas im Haus von selbst entzündet hätte. Er vermutete, dass von außen die Scheibe des Küchenfensters eingedrückt und anschließend ein brennender Gegenstand hineingeworfen wurde.

Er sprach zu ihm: „Ich würde mir an Ihrer Stelle einmal über alle Bürger, mit denen Sie zu tun haben, Gedanken machen, speziell über die, die etwas gegen Sie haben könnten. Wenn Ihnen der eine oder andere dazu eingefallen ist, müssen Sie diejenigen ins Auge fassen, denen Sie solch eine abscheuliche Tat zutrauen würden. Ich bin fest davon überzeugt, dass Sie auf diesem Weg den oder die vermeintlichen Täter ausfindig machen werden.

Am schwierigsten wird es aber werden, dem eventuellen Täter die Tat auch nachzuweisen."

Karl, der zuerst dachte, dass die Scheibe erst durch die Hitze des Brandes geborsten war, leuchtete letzten Endes die Begründung des Feuerwehrmannes ein.

Da er im Prinzip von allen, die er sowohl privat als auch vom Arbeitsumfeld her kannte, geachtet wurde und auch mit niemanden in Zwietracht lebte, fiel ihm zuerst keiner ein, dem er solch eine schändliche Tat zutraute.

Bis es ihm wie Schuppen von den Augen fiel, dass es nur einen einzigen geben konnte, dem er so etwas zutrauen würde. Es konnte sich nur um Kurt handeln, denn er war der Einzige, der ihn seinen Hass bei jeder sich ihm bietenden Gelegenheit offen spüren ließ und dies umso mehr, nachdem Gudrun sein Werben nicht erwidert und sich nun sogar mit ihm verlobt hatte. Aber die Sache hatte nur den Haken, dass er es nicht beweisen konnte, denn es gab keinen, der bezeugen konnte, dass er zur Tatzeit am Ort des Geschehens war.

In den folgenden Monaten war er nun erst einmal in seiner Freizeit hauptsächlich mit der Beseitigung der Brandschäden beschäftigt. Dabei unterstütze ihn diesmal seine Verlobte tatkräftig. Hier lernte er sie jetzt auch von einer völlig anderen Seite kennen. Bisher hatte er sie ja lediglich von ihrer liebfraulichen Seite beim Austausch inniger Zärtlichkeiten kennengelernt, was aber mit dem Ernst des wahren Lebens nichts zu tun hatte.

Nun offenbarten sich ihm Wesenszüge des weiblichen Geschlechtes, die ihm zuvor total fremd waren und ihn jetzt regelrecht überraschten. Durch ihre Mitwirkung wurden die Räumlichkeiten jetzt wesentlich wohnlicher umgestaltet, denn bei ihm sah es vorher ziemlich spartanisch aus.

Sie übernahm jetzt regelrecht das Kommando, wenn es galt, die Räumlichkeiten entsprechend ihrem Zweck mit den notwendigen Einrichtungsgegenständen und den, seiner Meinung nach, oftmals nicht notwendigen Utensilien auszustatten. Da in seinem Arbeitsleben zum größten Teil immer er derjenige war, der bestimmte, wo es langzugehen hatte, musste er sich nunmehr eingestehen, dass das Zusammenleben mit einer Frau immer durch Kompromisse geprägt war, um ein einvernehmliches Zusammenleben zu gewährleisten.

Das war für ihn eine völlig neue Erfahrung. Aber letztendlich fügte er sich gern in diese für ihn vormals nie bekannte Situation, denn er sah schon ein, dass eine Frau auf vielen Gebieten, rein von ihrer Gefühlwelt her, dem Mann haushoch überlegen war. Durch sie jedenfalls wurde das Haus jetzt zu einer richtig gemütlichen Heimstätte und er konnte es nun kaum erwarten, dass sie richtig bei ihm einzog. Aber, wie vormals schon erwähnt, musste sie dazu erst das 21. Lebensjahr erreichen und er die beruflichen Voraussetzungen für die Gewährleistung der finanziellen Sicherheiten zur Gründung einer Familie geschaffen haben.

Einige Monate später, den Brandanschlag hatte er schon fast aus seinem Kopf verdrängt, wurde er gebeten, in das Büro des Meisters zu kommen. Dort teilte dieser ihm mit, dass sie beide nach Arbeitsende beim Prokuristen erscheinen sollten, um etwas Wichtiges zu besprechen.

Der Meister sprach zu ihm: „Also Du brauchst Dir für den Rest Deines Arbeitstages keine Sorgen zu machen hinsichtlich der Aufforderung, uns beim Prokuristen einzufinden. Ich sage Dir nur, dass ich den Grund kenne, ihn Dir aber vorerst nicht sagen möchte. Nur so viel will ich vorab erwähnen, dass es nämlich etwas für Dich sehr Erfreuliches sein wird."

Man kann sich vorstellen, dass er trotzdem bis zum Feierabend versuchte zu ergründen, weshalb er zusammen mit seinem Meister zum Prokuristen kommen sollte.

Als es dann endlich soweit war und sie beide dem Prokuristen gegenübersaßen, wurde das Geheimnis gelüftet.

Der Prokurist sprach zu ihm: „Sehr geehrter Herr Mewis, in den vergangenen Jahren, die Sie nun schon bei uns tätig sind, haben Sie immer wieder bewiesen, dass Sie im Umgang mit den Ihnen unterstellten Kollegen als Respektsperson anerkannt werden. In vielerlei Hinsicht haben Sie außerdem maßgeblich dazu beigetragen, dass entscheidende Arbeitsabläufe wesentlich verbessert wurden und unser Unternehmen damit kostengünstiger arbeiten konnte.

Ihr Meister hat nunmehr mit fast 80 Jahren ein Alter erreicht, wo er, seiner eigenen Meinung nach, den immer höher steigenden Anforderungen auf Dauer nicht mehr gewachsen ist. Er möchte sich auf eigenen Wunsch hin aus dem Arbeitsleben zurückziehen, damit er hoffentlich noch viele weitere Jahre den wohlverdienten Ruhestand mit seiner Familie genießen kann. Wir beide sind einhellig der Meinung, dass Sie die notwendige Reife und Erfahrung besitzen, seine Stellung in unserem Unternehmen einzunehmen. Es versteht sich natürlich, dass damit auch Ihre Entlohnung angehoben und nach einer gewissen Übergangzeit die Höhe Ihres bisherigen Meisters erreicht haben wird. Wenn Sie sich mit diesem Angebot einverstanden erklären, besiegeln wir alle davon betroffenen Punkte in einem schriftlich verfassten Vertrag mit unserer beiderseitigen Unterschrift.

Dieser Vertrag würde zu Beginn des nächsten Monates in Kraft treten. Falls Sie noch irgendwelche Einwände anzubringen haben, die noch berücsichtigt werden müssten, bitte ich Sie, uns in den nächsten Tagen davon in Kenntnis zu setzen, damit beiderseitige Übereinstimmung erzielt werden kann."

Karl, der sein Glück kaum fassen konnte, brauchte keine allzu lange Bedenkzeit, um von dem ihm entgegengebrachten Vertrauen Gebrauch zu machen, und teilte dem Prokuristen mit, dass er das Angebot annehmen würde. Dieser setzte nun, wie vereinbart, einen schriftlichen Vertrag auf und händigte ihn Karl zur beiderseitigen Unterschriftsleistung aus. Er wies ihn dabei noch einmal darauf hin, dass er mit der Unterschriftsleistung nicht nur für die reibungslose Organisation der Arbeitsabläufe, sondern auch für die Sicherheit der ihm anvertrauten Menschen verantwortlich sei. Erst, wenn er sich wirklich darüber im Klaren sei, für was er in Zukunft alles geradezustehen und welche beruflichen Belastungen er zu meistern hatte, solle er wohlüberlegt seine Unterschrift unter diesen Vertrag setzen.

Wir wollen es kurz machen; nachdem er sich alles noch einmal gründlich durch den Kopf gehen lassen hatte, unterschrieb er den Vertrag und konnte nun kaum erwarten, dass er am Monatsanfang offiziell in sein neues Amt eingeführt wurde.

Bevor es soweit war, musste er sich jedoch noch im Rathaus einfinden, wo ihm ein Duplikat seiner Ernennungsurkunde zum Meister ausgehändigt wurde. Das Original wurde in der sogenannten Lade des Rathauses abgelegt. Die Lade war eine anspruchsvoll gestaltete Truhe, wo sämtliche Urkunden, Gelder, Stempel und sonstige, die Ratstätigkeit betreffende, Utensilien aufbewahrt wurden. Im Rathaus musste er noch einen nicht unerheblichen Geldbetrag hinterlegen, der als Sicherheit für eventuelle finanzielle Schwierigkeiten bei Forderungen seitens seiner Auftraggeber sowie des Rates selbst diente.

Zu guter Letzt gehörte es zu den Pflichten eines jeden neu in seiner Zunft ernannten Meisters, dass er für alle Meister seiner Zunft im Ratsgebiet ein Festessen mit mehreren Gängen veranstaltete. Erst mit diesem Akt war die endgültige Aufnahme in die Gilde seiner Zunft vollzogen und er wurde von nun an als ein vollwertiges Mitglied betrachtet.

Nebenbei bemerkt, wurde es für ihn auch höchste Zeit, dass der von ihm nie in diesem Umfang eingeschätzte Einführungstrubel in seine Meistertätigkeit ein Ende fand. Seine finanziellen Reserven hatten nämlich inzwischen einen solch bedrohlichen Tiefstand erreicht, dass er gerade noch so die lebensnotwendigsten Ausgaben tätigen konnte.

Mit Beginn seiner neuen Funktion als Meister der Zimmerer

wurde ihm nach einiger Zeit erst richtig bewusst, dass sein neues Aufgabengebiet sich als wesentlich anspruchsvoller und zeitaufwendiger darstellte, als er es sich vormals vorgestellt hatte. Die Zusammenkünfte mit seiner Verlobten konnten jetzt nicht mehr so häufig stattfinden, so dass sie manchmal begann, an seiner Liebe ihr gegenüber zu zweifeln.

Es erforderte von ihm sehr oft in dieser Anfangsphase seiner Tätigkeit als Meister sehr viel an einfühlsamer Geduld, um ihr immer wieder zu versichern, dass sich an seinen Gefühlen ihr gegenüber nichts geändert hat. Oftmals schüttete sie ihr Herz bei ihrem Vater aus, aber auch dieser versicherte ihr, dass die veränderte Situation bei Karl nur den hohen und am Anfang großen Belastungen der neuen Tätigkeit geschuldet waren.

Wie zu vermuten war, arbeitete sich Karl relativ schnell in sein neues Arbeitsgebiet ein und bei allen ihm übertragenen Aufgaben suchte er immer nach Lösungswegen, die für das Unternehmen am effektivsten waren.

In dieser Hinsicht unterschied er sich spürbar gegenüber dem ehemaligen Meister, der in seinen Methoden oftmals sehr altbacken war und vieles Neue ablehnte. Nachdem er für die Stelle des Vorarbeiters, die er ja vormals selbst belegte, einen zuverlässigen Arbeiter aus seinem ihm unterstellten Umfeld gefunden hatte, konnte er auch durch die damit verbundene Entlastung sein Arbeitspensum auf ein erträgliches Maß senken. Damit verbunden war gleichzeitig, dass er nun auch für sich selbst mehr freie Zeit hatte, die er mit seiner Verlobten verbringen konnte.

Nach einiger Zeit nun näherte sich das von ihm so sehnlichst erwartete Datum, an dem seine Verlobte endlich das 21. Lebensjahr erreichen und damit auch die Eheschließung mit ihr in greifbare Nähe rücken würde. Sie selbst konnte es auch kaum erwarten, dass sie zu ihm in das hübsche kleine Häuschen ziehen konnte.

Als es dann endlich soweit war, trat er anlässlich der Geburtstagsfeierlichkeiten seiner Verlobten mit ihr zusammen vor seinen zukünftigen Schwiegervater, um, so wie es der Brauch erforderte, bei ihm um ihre Hand anzuhalten. Man kann sich vorstellen, dass sein ehemaliger Meister Melchior nichts dagegen einzuwenden hatte. Im Gegenteil, er konnte sich glücklich schätzen, dass seine Tochter mit Karl einen überall geachteten und noch dazu sehr erfolgreichen Bürger der Stadt zum Ehegatten bekam. Das Wichtigste jedoch war, dass es eine wirkliche Liebesheirat sein würde und nicht, wie oftmals, ein Bündnis aus finanziellen Beweggründen. Also gab er Karl seine Zustimmung und gemeinsam legten sie den Termin der Eheschließung fest.

Die eigentliche standesamtliche und, wie es im damaligen Schlesien für Bürger des katholischen Glaubens normalerweise gebräuchlich war, kirchliche Trauung sollten nur in einem relativ kleinen Rahmen stattfinden. Es wurde vereinbart, zu diesem Anlass nur die Angehörigen der engsten Verwandtschaftskreise einzuladen. Seitens seiner Verlobten betraf dies, außer ihren Eltern und Geschwistern, noch ein paar Anverwandte, die alle im näheren Umkreis von Liegnitz wohnten.

Da seine Familienverhältnisse bisher noch nie angesprochen wurden, soll das an dieser Stelle im Zusammenhang mit der bevorstehenden Hochzeit nachgeholt werden.

Er selbst wurde in einem kleinen Dorf in Oberschlesien geboren und hatte nur noch eine jüngere Schwester. Sein Vater war ein Steinmetz, der die im benachbarten Steinbruch abgebauten Steinblöcke für bestimmte Bauzwecke bearbeitete. Im Prinzip verbrachten die Geschwister eine glückliche Kindheit bis ihre leibliche Mutter in relativ jungem Alter an einer schweren Krankheit starb. Karl war zu diesem Zeitpunkt knapp 18 Jahre alt und stand kurz vor dem Abschluss seiner Lehre als Zimmerer.

Sein Vater, der den Tod seiner Frau nie richtig verkraften konnte, wurde dadurch regelrecht aus seinem, bis dahin normal verlaufenden, Leben geworfen und verfiel kurzzeitig dem übermäßigen Alkoholgenuss. Nachdem er sich wieder halbwegs gefangen hatte, verheiratete er sich nochmals mit einer Frau aus dem Dorf, die aber einen Schwarm minderjähriger Kinder mit in den Haushalt brachte. Ab diesem Zeitpunkt wurde das Leben für die Geschwister aus der ersten Ehe regelrecht zur Höllenqual. Sie wurden von ihrer Stiefmutter bis auf das Äußerste drangsaliert und fortwährend entwürdigend behandelt, ganz im Gegensatz zu ihren eigenen Kindern. Bei ihrem Vater fanden sie auch keinen Schutz, denn er meinte, dass sie sich in ihr neues Schicksal zu fügen hätten.

Als Karl schließlich seine Lehrzeit mit Erfolg beendet hatte, begab er sich auf die Walz, um, wie eingangs schon dargelegt, sein Können bei den verschiedensten Meistern seiner Zunft zu festigen.

Schweren Herzens verabschiedete er sich von seiner Schwester und gab ihr das Versprechen, dass er sie, sobald er sesshaft und finanziell abgesichert wäre, sofort zu sich holen würde.

Jetzt nun konnte er endlich sein Versprechen einlösen.

Er teilte seinem Vater und seiner Schwester den Termin seiner Trauung mit und lud sie zu den Hochzeitsfeierlichkeiten ein. Verständlicherweise nur die beiden, denn es versteht sich von selbst, dass er den Drachen von Stiefmutter nicht damit beglücken wollte. Er hatte sich schon gedacht, dass sein Vater nicht die Courage haben würde, seine Einladung anzunehmen, und seine Schwester von der Stiefmutter niemals weggelassen würde.

Obwohl sie ja inzwischen auch volljährig war, verfügte sie über keinen Abschluss irgendeiner Ausbildung, da sie ja immer nur als sogenanntes „Aschenputtel" behandelt wurde. Somit war sie völlig mittellos und sah sich gezwungen, ihrem Bruder mitzuteilen, dass sie leider zu seiner Eheschließung nicht erscheinen könnte. Karl nun machte nicht viel Aufhebens und teilte ihr mit, dass er sie für immer zu sich holen und solange für sie sorgen würde, bis sie auf eigenen Füssen stünde. Man kann sich vorstellen, dass sie überglücklich einwilligte und es nun kaum erwarten konnte, von der erniedrigenden Behandlung ihrer Stiefmutter befreit zu werden.

Vorher besprach er auch alles mit seiner Verlobten und mit seinen zukünftigen Schwiegereltern, denn es war schon eine Entscheidung, die das Einverständnis von allen Seiten erforderte. Zumal er Gudrun davon überzeugen musste, dass für die erste Zeit, bis seine Schwester über eigene Einkünfte verfügte und eine eigene Unterkunft beziehen konnte, sie bei ihnen, im eigentlich für ihren Nachwuchs vorgesehenen Zimmer, wohnen müsste.

Normalerweise hatte er sich vorgestellt, dass sich diese Gespräche als schwierig gestalten würden, aber wie sich letztendlich herausstellte, hatte er sich völlig umsonst Sorgen gemacht. Es hätten ja durchaus auch seitens seiner Verlobten Bedenken hinsichtlich des vorübergehenden Zusammenlebens aufkommen können. Denn letztendlich waren beide fast gleichaltrig und es war ja nicht vorauszusehen, ob sich beide halbwegs verstehen würden. Aber sowohl die zukünftigen Schwiegereltern als auch Gudrun konnten sich durchaus in seine Lage hineinversetzen und waren mit seinen Vorschlägen vollauf einverstanden.

Nun teilte er seiner Schwester, die übrigens auf den Namen Waltraud hörte, den Termin mit, an dem er sie abholen wollte, damit sie wenigstens das Wenige, was ihr Eigen war, bereitstellen konnte. Als es soweit war, fuhr er mit dem Zug bis zur nächstmöglichen Station kurz vor dem Dörfchen und die restliche Strecke legte er mit einer Mietdroschke zurück.

Als er endlich ankam und seine Schwester in den Armen halten konnte, flossen bei beiden die Freudentränen in Strömen.

Nachdem sie das wenige Gepäck in der Droschke verladen hatten, wollten sie beide sich noch, wie es sich gehört, von ihrem Vater verabschieden, aber er war nirgends aufzufinden. Wahrscheinlich hatte er von der Stiefmutter eine unmissverständliche Weisung erhalten, sich von der Abschiedszeremonie fern zu halten.

Es war nun mal nicht zu ändern und da die Zeit drängte, traten sie die Rückreise an, ohne noch einmal mit ihrem Vater reden zu können.

Da sie sich ja eine kleine Ewigkeit nicht mehr gesehen hatten und demzufolge viel zu erzählen war, verging die Zeit der Rückreise wie im Flug, so dass noch längst nicht alle Gedanken ausgetauscht waren, als sie in Liegnitz ankamen. Am Bahnhof winkte Karl eine Droschke heran, sie beluden sie mit dem Gepäck und fuhren quer durch die Stadt bis zu seinem kleinen Häuschen. Für sie war es übrigens das erste Mal, dass sie eine solch relativ große Stadt sah, denn bisher war sie nie über die unmittelbaren Grenzen ihres kleinen Dörfchens hinausgekommen. Man kann sich vorstellen, dass sie von den vielen neuen Eindrücken, die während der Fahrt auf sie einwirkten, fast erdrückt wurde.

Nachdem sie an Karls kleinem Anwesen angekommen waren und alles Gepäck ins Haus befördert hatten, führte er sie erst einmal durch alle Räumlichkeiten und natürlich zeigte er ihr auch das Zimmer, das sie bis auf weiteres bewohnen würde. Die Zusammenhänge, dass dieses Zimmer später einmal als Kinderzimmer für seine eigenen Kinder vorgesehen war, hatte er ihr schon auf der Herfahrt erläutert.

Während des Rundganges kam sie aus dem Staunen nicht mehr heraus, denn im Vergleich zu dem doch schon sehr alten Haus ihrer Eltern, das mehr oder weniger einer baufälligen Kate glich, mutete dies hier fast fürstlich an.

Das Beeindruckendste für sie war jedoch die separate Badestube mit der fest installierten Wasserzuleitung aus dem städtischen Brunnen. Seit dem Tod ihrer Mutter nämlich musste sie unter der Knute der Stiefmutter täglich mehrmals eimerweise das Wasser aus dem mehrere hundert Meter entfernten Dorfbrunnen holen. Dass dies, speziell an den frostigen Wintertagen, für ein relativ zierliches Mädchen kein Zuckerschlecken war, kann man sich wohl vorstellen.

Zu Lebzeiten ihrer Mutter hatten sich der Vater und ihr Bruder um das Auffüllen der Wasservorräte gekümmert, aber ihre spätere Stiefmutter war der Meinung, dass sie jetzt unaufgefordert dafür verantwortlich wäre. Und wehe, der Wasservorrat neigte sich manchmal unverhofft dem Ende zu. In dem Fall bekam sie den Knüppel, der eigentlich zum Umrühren der Wäsche im Waschzuber gedacht war, auf ihrem Körper zu spüren, so dass sie Tage später noch mit blauen Flecken verziert war. Nun war sie jedenfalls heilfroh, dass diese Misshandlungen nun für immer der Vergangenheit angehörten.

Aber jetzt wollen wir die vergangenen Zeiten endgültig hinter uns lassen und uns wieder der Zukunft zuwenden.

Nachdem Karl ihr alles gezeigt, sie ihr Zimmer bezogen und beide sich ein wenig frisch gemacht hatten, wollte er sie nun endlich trotz der ziemlich vorgerückten Abendzeit mit seinen zukünftigen Schwiegereltern und seiner Verlobten bekannt machen. Er war bis aufs Äußerste gespannt, ob auch alles so reibungslos ablaufen würde, wie er es sich sehnlichst wünschte. Als sie dann nach einem kurzen Fußweg vor dem Haus seines ehemaligen Meisters standen, glaubte er, dass man sein Herz auf die Entfernung von vielen Metern schlagen hören könnte.

Seine innere Unruhe erwies sich aber als total unbegründet. Schon der Umstand, dass man sie nach einer herzlichen Begrüßung bat, in der Wohnstube Platz zu nehmen, war als Würdigung eines besonderen Anlasses zu bewerten. Es war nämlich zu dieser Zeit um die Jahrhundertwende durchaus nicht üblich, sich mitten in der Woche in der Wohnstube aufzuhalten, denn hier saß man nur an den Sonntagen. Vielmehr spielte sich an den Wochentagen das Leben mehr oder weniger in der Wohnküche ab.

Um es kurz zu machen, das erste gegenseitige Kennenlernen verlief sehr harmonisch und man spürte sofort, dass eine richtig wohltuende Atmosphäre zwischen allen Beteiligten aufkam. Schon nach kurzer Zeit schien es, als ob Gudrun und seine Schwester schon ewig miteinander befreundet wären. An dieser Stelle muss erwähnt werden, dass beide fast gleichaltrig waren, denn Gudrun war gerade einmal ein knappes Jahr älter als Waltraud. Am

Ende dieses ersten Abends verabredeten sich beide bereits für den Nachmittag des nächsten Tages, denn Gudrun wollte mit ihr einen Stadtrundgang machen und ihr dabei alles, was sehenswert war, zeigen.

Als sie sich am nächsten Tag trafen, bestätigte sich der am Vortag bereits entstandene Eindruck, dass sie beide sich vom Charakter und ihrer inneren Gefühlswelt her total ähnelten. Sie schwatzten und lachten miteinander, so dass man als Außenstehender wirklich der Meinung war, als ob es sich um ein Treffen zweier Freundinnen handelte, die sich lange nicht gesehen haben.

Nachdem sie beide das Städtchen in alle Richtungen regelrecht durchkämmt hatten und der Nachmittag sich dem Ende zu neigte, begaben sie sich in die Wohnung von Karl und bereiteten aus seinen Küchenvorräten ein schmackhaftes Abendessen vor, mit dem sie ihn nach Beendigung seines Arbeitstages überraschen wollten.

Als er dann erschöpft und abgekämpft zu Hause eintraf und die beiden ihn an den gedeckten Tisch baten, um gemeinsam das Abendessen einzunehmen, fühlte er sich wie im siebenten Himmel. Ihm traten vor freudiger Rührung fast Tränen in die Augen, was ihm zuvor noch nie widerfahren war.

Bis zum Hochzeitstermin, es waren nur noch wenige Wochen, wurde er von nun ab täglich von den beiden regelrecht umsorgt. Es war ihm teilweise schon peinlich, dass er sich jeden Abend an den gedeckten Tisch setzen konnte und wie ein Pascha bedient wurde. Aber es halfen keine Widersprüche von ihm, die zwei Frauen versuchten auch weiterhin, ihm das Leben so angenehm wie möglich zu gestalten.

Endlich war es soweit und der Termin der Trauung stand unmittelbar bevor. Wie vormals schon erwähnt, sollte die Hochzeit nur in einem kleinen Rahmen gefeiert werden. Aus diesem Grund wollte er auch am Vorabend der kirchlichen Trauung keinen Polterabend über sich ergehen lassen, da ihm das zu viel an Trubel war und die Feierlichkeiten oftmals aus dem Ruder liefen. Aber da hatte er die Rechnung ohne seinen zukünftigen Schwiegervater gemacht. Er überzeugte ihn, dass er sich erstens davor auf Grund seiner inzwischen erreichten gesellschaftlichen Stellung auf keinen Fall drücken dürfte und zweitens die Ausrichtung dieser Feierlichkeiten in seinen Händen läge. So musste er sich wohl oder übel fügen, nebenbei gesagt, auch zur Freude von Gudrun, denn sie wollte eigentlich schon immer die Hochzeit mit einem Polterabend am Vorabend der Trauung feiern.

Zwei Wochen davor wurde bereits das Aufgebot der beabsichtigten Eheschließung beim zuständigen Bürgerschaftsamt in einem eigens dafür bestimmten Kasten für die Öffentlichkeit bekannt gemacht. Außerdem hatte der Pastor an zwei Sonntagen zuvor im Gottesdienst ebenfalls das Aufgebot des Brautpaares verlesen. Somit wurden die interessierten Bürger in doppelter Weise von der bevorstehenden Hochzeit informiert.

Da durch seinen Schwiegervater noch zusätzlich auf den durch ihn organisierten Polterabend hingewiesen wurde, war mit einer überaus zahlreichen Gästeschar zu rechnen. Es war dann auch eine Schar von fast 100 Menschen, die sich in dem Festzelt, was Meister Melchior hatte aufstellen lassen, vergnügten.

Am Tag des Polterabends nun fuhr das Brautpaar am späten Nachmittag in einer Kutsche, begleitet von zwei Trauzeugen, zum Standesamt und der Bund der Ehe wurde mit dem gegenseitigen Überstreifen der Trauringe beglaubigt. Als Trauzeugen hatten sie in beiderseitigem Einverständnis seine Schwester sowie seinen Vorarbeiter aus seinem Meisterbereich auserwählt. Mit letzterem verband ihn übrigens schon seit geraumer Zeit ein fast freundschaftliches Verhältnis, denn er war vom Charakter und Auffassungsvermögen her fast wie er geartet und man konnte sich in jeder Situation voll auf ihn verlassen.

Nach der Zeremonie auf dem Standesamt ging es dann wieder mit der Kutsche nach Hause, was in diesem Fall jedoch das Festzelt seines Schwiegervaters war. Auf dessen Drängen hin hielt Karl eine kurze Ansprache und gab seiner Freude Ausdruck, dass so viele Bürger der Stadt Anteil an seiner Eheschließung nehmen wollten. Dort hatten sich inzwischen tatsächlich sogar fast 100 Gäste eingefunden, die nach der Ansprache, begleitet von einer Tanzkapelle kräftig das Tanzbein schwingen ließen und ausgiebig von den im Überfluss vorhandenen Speisen und Getränken Gebrauch machten. Meister Melchior hatte hier wirklich keine Kosten gescheut, aber Gudrun war schließlich seine einzige Tochter und er war überglücklich, sie nun in festen und vor allen Dingen rechtschaffenen Händen zu wissen.

Zu vorgerückter Stunde wurde der Verlauf der Feierlichkeiten aber leider getrübt durch einen, infolge des übermäßigen Alkoholgenusses verursachten, unangenehmen Zwischenfall. So etwas ähnliches hatte Karl ja im Vorfeld schon befürchtet, deswegen wollte er zuerst auch nichts von einem Polterabend wissen.

Dieses Vorkommnis nun hatte aber seine Ursache in dem uns bekannten, ewigen Widersacher von ihm, der jede sich bietende Gelegenheit nutzte, um Karl schaden zu können. An ihn hatte Karl in letzter Zeit überhaupt nicht mehr gedacht.

Kurt jedoch befand sich auch unter den Gästen, aber nicht alleine, sondern mit einer fünfköpfigen Truppe seiner ihn immer begleitenden Saufkumpane. Diesen wiederum hatte er in einer vorausgegangenen Abmachung einen kostenlosen Zechabend versprochen, wenn sie zu vorgerückter Stunde eine Schlägerei unter den Gästen provozierten, die solche Ausmaße annehmen sollte, dass die gesamten Feierlichkeiten empfindlich beeinträchtigt werden würden.

Es kam nun auch zu einer mittelschweren Rangelei, aber das von Kurt erhoffte Ergebnis trat nicht ein, denn bevor sie ein größeres Unheil anrichten konnten, wurden sie überwältigt und aus dem Zelt entfernt. Nicht nur das, sondern draußen angekommen, wurden sie sogleich von zwei zu Beginn der Streitereien herbeigerufenen Polizeimeistern in Gewahrsam genommen und auf die

Wache geschafft. Hier durften sie sich, die gesamte Nacht an der Wand stehend, in einem Gefängnisraum einer Befragung unterziehen. Nachdem sie außerdem noch jeder ein Bußgeld für die Anzettelung der Schlägerei bezahlen mussten, konnten sie endlich das Polizeirevier verlassen. Man kann sich vorstellen, dass Kurt vor Wut kochte, da es ihm wieder nicht gelungen war, Karl eine empfindliche Abreibung zu erteilen.

Aber etwas hatte dieser Vorfall bei Karl dennoch bewirkt, nämlich, dass er wieder auf Kurt und seine niederträchtigen Handlungen ihm gegenüber aufmerksam gemacht wurde. Ihm wurde nun wieder richtig bewusst, dass Kurt nicht aus seinem Leben verschwunden war, sondern dass er immer noch eine nicht zu unterschätzende Gefahr für ihn und alle seine Angehörigen darstellte.

Aus diesem Grund weihte er nun auch seine Schwester in die im Zusammenhang mit Kurt stehenden Vorfälle aus früheren Zeiten ein, damit sie sich von ihm nach Möglichkeit fernhielt und er ihr in einem unbedachten Moment nicht auch noch Schaden zufügen konnte.

Um wieder auf den Verlauf des Polterabends zurückzukommen, so trug dieser an und für sich kleine Zwischenfall jedenfalls nicht merklich zu einer Trübung des Festes bei und die Gästeschar feierte noch vergnügt und fröhlich bis tief nach Mitternacht.

Was die Geschehnisse während des Polterabends betrifft, so soll auch noch einmal ein Blick auf die beiden Trauzeugen geworfen werden, denn da bahnte sich etwas an, was sowohl Karl als auch Gudrun vorher nicht im mindesten mitbekommen hatten. Das heißt, man hätte bei beiden schon durch gewisse Verhaltensweisen bemerken müssen, dass sie bei manch zufälligen Zusammentreffen scheue Blickkontakte austauschten, aber da man zu sehr mit sich selbst beschäftigt war, schenkte man diesen Begebenheiten keine weitere Beachtung.

Sein Vorarbeiter, Wilhelm, war schon mehrmals abends nach der Arbeit bei Karl in dessen Wohnung. Der Grund bestand aber nicht darin, einen gemeinsamen Abend zu verbringen, sondern hauptsächlich tüftelten sie neue Methoden zur Verbesserung der Arbeitsabläufe aus, wenn es manchmal auf den Baustellen zu scheinbar unüberwindlichen Schwierigkeiten gekommen war. Als nun Karl seine Schwester bei sich einquartiert hatte, lernte er sie auch zwangsweise anlässlich dieser Tüftelabende kennen.

Dabei musste er sich eingestehen, dass sie ihm gewissermaßen, was seine Gefühlswelt betraf, nicht ganz gleichgültig war. Da er jedoch, was das weibliche Geschlecht betraf, von seinem Naturell her immer sehr zurückhaltend auftrat, hätte er es normalerweise nie und nimmer über sich gebracht, sein Herz ihr gegenüber zu öffnen. Als ihm jetzt Karl eröffnete, dass er zusammen mit Gudrun der Meinung war, seine Schwester und ihn als Trauzeugen auszuwählen, rutschte ihm fast das Herz in die Hosentasche.

Ihm war schon klar, dass er damit zwangsläufig dazu verdonnert war, den Abend mit ihr als unmittelbarer Tischnachbar zu verbringen. Aber es blieb ihm keine Wahl und er erklärte sich damit einverstanden. Wie vormals schon angesprochen, Karl und Gudrun ahnten nichts von seinen sowohl auch Waltrauds bisher in keiner Weise nach außen gedrungenen, gegenseitigen Gefühlen.

Nun saßen sie jedenfalls anlässlich der Feier nebeneinander und Waltraud, die von Natur aus ein lustiges Gemüt hatte, redete quietschvergnügt auf ihn ein. Dadurch schaffte sie es unbewusst, dass seine Beklommenheit ihr gegenüber abfiel und er mit der Zeit immer gesprächiger wurde.

Als sich schließlich die Tanzfläche nach den ersten Musikstücken füllte, sagte er ihr, dass er sie liebend gern auch zum Tanz auffordern würde, aber aus Rücksicht, ihre Zehen nicht zu sehr deformieren zu wollen, es lieber lassen wollte. Sie ließ diese Ausrede jedoch nicht gelten und zog ihn einfach auf die Tanzfläche. Er stellte sich, wie sich bald herausstellte, gar nicht so ungeschickt an und mit der Zeit fand er immer mehr Gefallen daran, so dass sie in der Folge noch sehr oft miteinander das Tanzbein schwangen. Vor allem bei den langsamen Tänzen, wo sie beide ziemlich eng aneinandergeschmiegt tanzten und er ihren Körper direkt an seinem spürte, eröffnete sich ihm eine Gefühlswelt, die er vormals nicht für möglich gehalten hätte. Von seiner anfänglichen Beklommenheit ihr gegenüber war bald nichts mehr zu spüren.

Kurz, bevor sich der Abend dem Ende zu neigte, fand er sogar den Mut, sie zu fragen, ob sie sich beide nicht noch einmal ganz allein treffen könnten. Als sie ihm, ohne lange zu zögern, erwiderte, dass sie sich darüber sehr freuen würde, konnte er sein Glück kaum fassen. Noch abends im Bett ging ihm Waltraud nicht aus dem Kopf und er brauchte sehr lange, ehe der Schlaf ihn endlich übermannte.

Nun wollen wir uns aber vorerst nicht länger auf dem Nebenschauplatz namens „Wilhelm" tummeln, sondern unser Hauptaugenmerk wieder auf Karl und dessen bevorstehende Hochzeit richten. Wie vormals schon angedeutet, fand die auf den Polterabend folgende kirchliche Trauung nur im Kreis der engsten Familienangehörigen statt. Die Kirche, wo die Trauung durchgeführt werden sollte, war übrigens genau jene, wo Karl nach seinem Eintreffen in Liegnitz seinen jetzigen Schwiegervater das erste Mal kennenlernte, als er sich nämlich in ziemlich salopper Art als Zimmerer bewarb.

Er hatte also durch seine Mitarbeit an der Behebung der damals durch einen Brand fast zerstörten Kirche unwissentlich dafür gesorgt, dass er jetzt in einer schönen Kirche getraut werden konnte.

Am Tag der Hochzeit nun wurde er von seinen zukünftigen Schwiegereltern in einer weißen Kutsche, in der schon seine Braut saß, abgeholt und sie fuhren genau zu jener gerade beschriebenen Kirche. Dort wurden sie schon von ihren engsten Anverwandten und natürlich auch ihren Trauzeugen erwartet. Nach vollendeter Trauung ging es dann in den Ratskeller am Marktplatz, wo letztendlich, nach einer schönen kleinen Feier, in den vorgerückten Abendstunden der Hochzeitstag seinen Abschluss fand. Anschließend wurde das frisch gebackene Ehepaar von seinen Schwiegereltern in einer Kutsche zum Haus von Karl gefahren. Gudrun übernachtete übrigens an diesem Tag das erste Mal ganz allein bei Karl. Damit sie die Hochzeitsnacht auch ungestört genießen konnten, wurde für diesen Abend auch Waltraud ausquartiert, sie übernachtete derweil bei Gudruns Eltern.

An diesem Abend übrigens, Wilhelm und Waltraud saßen wieder nebeneinander, war von seiner anfänglichen Schüchternheit ihr gegenüber schon nichts mehr zu spüren. Während das Hochzeitspaar von den Schwiegereltern nach Hause gebracht wurde, begleitete er Waltraud bis zu ihrer vorübergehenden Schlafstätte. Dort wuchs er fast über sich hinaus, denn er wagte sich sogar, ihr bei der Verabschiedung einen Abschiedskuss auf die Wange zu drücken. Danach begab er sich überglücklich auf seinen ziemlich langen Nachhauseweg.

Er bewohnte übrigens, ähnlich wie ehemals Karl, ziemlich weit vom Zentrum entfernt ein dürftiges Zimmer im Hinterhof eines sehr baufälligen Mietshauses. Als er von Karl zum Vorarbeiter berufen wurde, was ja auch mit einer spürbaren Lohnsteigerung verbunden war, hatten aber beide schon ins Auge gefasst, dass seine Wohnsituation verbessert werden müsste. Karl versprach, ihm bei der Suche einer angemessenen Unterkunft für ihn, behilflich zu sein.

Jetzt aber erst mal zurück zum weiteren Werdegang seiner Beziehung zu Waltraud.

Nachdem sie sich schon einige mal miteinander verabredet hatten und beide fühlten, dass ihre Gefühle zueinander nicht nur oberflächlich waren, kamen sie überein, Karl und Gudrun in den Tatbestand ihrer Beziehung einzuweihen.

Sie wollten es den beiden bei seinem nächsten Besuch bei Karl ganz behutsam beibringen. Als sich dann eines Tages endlich die Möglichkeit für die Offenlegung ihrer Beziehung ergab, bekamen die beiden fast einen Lachkrampf, denn sie hatten dies schon längst mitbekommen, aber sich nichts anmerken lassen. Aber, man muss schon sagen, dass Waltraud und Wilhelm ein Stein vom Herzen fiel, dass die Zeit der Heimlichtuerei ein Ende hatte. Endlich konnten sie ihre gegenseitigen Gefühle offen zeigen und mussten sich nicht immer, wie kleine Kinder, heimlich verliebte Blicke zuwerfen.

Als einige Monate ins Land gezogen waren und sie wieder einmal abends zu viert bei Karl zusammensaßen, überraschte dieser Wilhelm mit der Mitteilung, dass er sich am nächsten Tag nach Dienstschluss beim Prokuristen melden sollte. Er hatte diesem nämlich die prekäre Wohnungssituation von Wilhelm geschildert und nachgefragt, ob man ihm, ebenso wie ihm selbst damals, eine Wohnmöglichkeit in einem der zentrumsnahen Mietshäuser beschaffen könnte.

Es soll hierzu erwähnt werden, dass der Unternehmensleitung längst zu Ohren gekommen war, dass es sich bei ihm um eine ebenfalls wirklich hervorragende Arbeitskraft handelte. Es bedurfte aus diesem Grund keiner großen Überzeugungsarbeit von Karl, dass es ihm sehr wichtig sei, ihn damit fest an die Firma zu binden. Der Prokurist versprach ihm, sich darum zu kümmern und seinem Vorarbeiter zeitnah zu helfen, eine angemessene Wohnung beziehen zu können.

Auf die Nachfrage Wilhelms bei Karl, um was es sich bei seinem Erscheinen beim Prokuristen handeln könnte, verriet er ihm jedoch nicht den Grund. Er sagte ihm lediglich, dass er sich keine Sorgen machen und sich überraschen lassen solle.

Nun also war es endlich soweit und Wilhelm betrat am nächsten Tag nach Dienstschluss das Büro des Prokuristen. Nachdem dieser sich noch einmal seine Wohnsituation schildern ließ und ein allgemein gehaltenes Gespräch über seine Arbeitstätigkeit führte, kam er endlich auf den eigentlichen Grund dieser Zusammenkunft zu sprechen. Er bot ihm in einem der unternehmenseigenen Mietshäuser eine Wohnung an, die von der Größe und Ausstattung, als auch von den Kosten her, fast mit der damaligen von Karl zu vergleichen war. Wilhelm konnte sein Glück kaum fassen und sagte natürlich zu.

Die angebotene Wohnung befand sich nicht nur in unmittelbarer Nähe des Unternehmens, sondern auch fast in der Nachbarschaft des kleinen Häuschens von Karl. Jetzt konnte er endlich auch manche Abende mit Waltraud zusammen bei sich verbringen, was in seiner bisherigen Behausung nicht möglich war; ganz zu schweigen davon, dass er anschließend nicht noch den stundenlangen Fußmarsch nach Hause antreten musste.

Nun wollen wir den Blick aber wieder auf das frisch gebackene Ehepaar nach dem Umzug von Gudrun in ihr schmuckes, kleines Häuschen werfen. Das gemeinsame Zusammenleben hatte, wie es zu erwarten war, zur Folge, dass sich bei Gudrun nach nicht allzu langer Zeit gewisse, immer öfter auftretende Übelkeitserscheinungen einstellten. Kurz gesagt, es deutete sich unmissverständlich an, dass das Kinderzimmer bald seiner eigentlichen Funktion zugeführt werden würde. Das bedeutete nunmehr für Karls Schwester Waltraud, dass sie sich langsam um eine eigene Unterkunft kümmern müsste.

In diesem Zusammenhang soll erwähnt werden, dass sich Wilhelm und Waltraud schon längst mit dem Gedanken befasst hatten, ihrer Beziehung eine feste Grundlage zu geben. Aus diesem Grund und auch, um irgendwelchem Gerede durch ihre laufenden Besuche bei ihm vorzubeugen, verlobten sie sich, ohne es vorher groß anzukündigen. Als nun der Zeitpunkt von Gudruns Niederkunft immer näher rückte, machten sie kurzen Prozess, heirateten und sie zog mit in Kurts kleine Wohnung ein.

Bis zur Niederkunft von Gudrun verlief das Leben der beiden Familien ohne nennenswerte Zwischenfälle. Waltraud hatte zwischenzeitlich, auf Vermittlung ihres Bruders hin, auch eine kleine Anstellung im Büro des Bauunternehmens aufgenommen, so dass sie finanziell auch etwas zum gemeinsamen Haushalt mit

Kurt beitragen konnte. Sie hatten sich nämlich zum Ziel gesetzt, sich auch ein eigenes kleines Häuschen anzuschaffen, denn es war ja abzusehen, dass ihre Familie sich eines Tages auch vergrößern würde. Wenn es dann soweit sein würde, wollte sich Karl bei der Firma dafür einsetzen, dass man das auf seinem von der Firma gepachteten Grundstück in Form eines Anbaues an sein Haus ermöglichen könnte. Es würde dann gewissermaßen so eine Art Doppelhaushälfte entstehen, was auch von den Kosten her am günstigsten wäre.

Dieses Ziel lag jedoch noch in weiter Ferne, denn zuerst mussten dazu die finanziellen Grundlagen geschaffen werden und bis dahin war es noch ein langer Weg.

Was den Nachwuchs von Gudrun betraf, so rückte der Zeitpunkt ihrer Niederkunft immer näher. Endlich nun war es soweit und Karl, der mit den Zusammenhängen von Geburtsvorgängen nicht im mindesten vertraut war, wurde eines Nachts von seiner Frau unsanft aus dem Schlaf gerissen und sie teilte ihm mit, dass die Geburt ihres Nachwuchses unmittelbar bevorstünde. Sie bat ihn, schnell die Hebamme und seine Schwester zu informieren, damit sie ihr beim Geburtsvorgang die erforderliche Unterstützung geben konnten.

Als die beiden eintrafen, wurde er aus dem Zimmer geschickt und jedes Mal, wenn aus dem Zimmer nebenan schrille Schreie von Gudrun ausgestoßen wurden, wurde er von Angstgefühlen heimgesucht, wie er sie vormals noch nie erlebt hatte. Zwischenzeitlich wurde er von seiner Schwester immer wieder beruhigt und sie klärte ihn auf, dass alles ganz normal sei und er sich keine Sorgen machen sollte.

Nach ca. sieben Stunden war die Prozedur vorbei und er durfte wieder in das Zimmer zu Gudrun. Hier präsentierte sie ihm erschöpft, aber mit vor Freude strahlenden Augen, ihren Nachwuchs und eröffnete ihm, dass er soeben Vater eines Jungen geworden sei. Als Karl aber, der seelisch und körperlich fast mehr mitgenommen war als seine Frau, den Sprössling selbst in den Armen hielt, wurde er von seinen Glücksgefühlen so übermannt, dass ihm die Tränen über die Wangen liefen. Sie gaben ihm den Namen „Max". Sie hatten sich schon vorher auf eventuelle Namen geeinigt; wenn es ein Mädchen geworden wäre, hätten sie ihr den Namen „Gertrud" gegeben.

Nun war es aber erst einmal aus mit dem bisherigen, ruhigem und vor allem sorgenfreien Familienleben. Er musste sich nun wohl oder übel daran gewöhnen, dass die Nachtruhe während der ersten Monate sehr oft durch lautstarke Äußerungen seines Sohnes gestört wurde. Aber da er ja das Kinderzimmer im Obergeschoss des Häuschens in weiser Voraussicht neben ihrem Schlafzimmer angesiedelt hatte, verlegte Gudrun kurzerhand ihre Schlafstätte dorthin, damit Karl nicht immer unmittelbar jede Störung mitbekam. So schafften sie es, dass er zumindest halbwegs ausgeschlafen seiner Arbeit auf den Baustellen nachgehen konnte.

Der kleine Max entwickelte sich übrigens prächtig und Waltraud, die sich auch sehr oft mit ihm beschäftigte, ertappte sich immer öfters bei dem Gedanken, selbst ein eigenes Kind umsorgen zu wollen.

Aber vorerst deutete sich bei Gudrun noch einmal eine Veränderung der Familiengröße an. Als der kleine Max knapp über ein Jahr alt war, spürte sie nämlich wieder, dass etwas Neues in ihr heranwuchs.

Diesmal standen sie den damit verbundenen Problemen wesentlich gelassener gegen über, da es ja für sie kein absolut neues Ereignis darstellte. Aus diesem Grund war es für Karl auch kein Problem, einer Bitte seiner Firma zu entsprechen, wonach er jeweils unter der Woche für einige Monate nach Breslau gehen sollte, um die Zimmererarbeiten an einem Gebäudekomplex zu beaufsichtigen, der von seinem Unternehmen dort gebaut werden sollte. Er fuhr nun jede Woche von Montag bis Samstag dorthin und Waltraud und sein Schwager kümmerten sich in der Zwischenzeit um Gudrun. Es klappte auch alles wunderbar, bis eines Tages etwas Unvorhergesehenes geschah, wodurch ihr bisheriges, glückliches Leben empfindlich getrübt wurde.

Dazu bedarf es jedoch vorher einiger geographischer Erläuterungen, um nachfolgende Ereignisse besser verstehen zu können.

Durch Liegnitz floss ein kleiner Bach, der Katzbach, der im Katzbachgebirge entsprang und auf knapp 100 km, wo er letztendlich in die Oder mündete, ein Gefälle von rund 400 m überwand. Normalerweise war er aber sehr wasserarm und man konnte trotz seines relativ reißenden Wasserlaufes sich im Sommer darin Abkühlung verschaffen.

Im Spätherbst des Jahres aber, wo Karl in der Woche in Breslau seiner Arbeit nachging, kam es durch tagelange, ungewöhnlich starke Regengüsse im Katzbachgebirge zu einem gewaltigen Anstieg der Wassermassen im Katzbach. Der Bach verließ sein gewohntes Flussbett, verwandelte sich in einen reißenden Strom von mehreren hundert Metern Breite, der alles mitriss und zerstörte, was sich in seinem Lauf befand. So vollführte er auch in Liegnitz sein zerstörerisches Werk. Am heftigsten betroffen davon war unglücklicherweise genau der Teil der Stadt, wo auch Karl sein kleines Häuschen errichtet hatte.

Die unbändigen Wassermassen erreichten Liegnitz so schnell, dass Gudrun, die sich zu der Zeit mit ihrem kleinen Sohn allein im Haus befand, von der Flutwelle regelrecht überrascht wurde. Als die Flutwelle mit ihrer zerstörerischen Gewalt urplötzlich über ihr Haus hereinbrach, konnte sie sich gerade noch mit ihrem kleinen Max in das oberste Stockwerk retten.

Während der Wasserstrom meterhoch durch das Untergeschoss floss und dort alles zunichtemachte, was sie sich mühsam geschaffen hatten, harrte sie mit ihrem Kleinen angstvoll in der oberen Etage aus. Sie betete inbrünstig zu Gott, dass er sie davor bewahren sollte, dass das Häuschen von den Wassermassen weggerissen und sie mit ihrem Sohn einen grässlichen Tod finden müsste.

Irgendwie muss ihr Gebet erhört worden sein, denn nach einigen Stunden stieg das Wasser nicht mehr an und zog sich sogar in den folgenden Tagen wieder komplett in sein altes Flussbett zurück.

Gudrun harrte noch die gesamte Nacht angstvoll im Obergeschoss aus und wagte sich erst am nächsten Morgen runter. Als sie dort aber sah, wie die Wohnräume im Erdgeschoss verwüstet worden waren, bekam sie fast einen Schock. Alles war mit einer dicken Schlammschicht bedeckt, selbst in einer Höhe von ca. einem Meter waren noch Spuren der Katastrophe sichtbar. Der größte Teil der einstmals von Karl in viel mühevoller Arbeit selbst hergestellten Möbel war im Prinzip nicht mehr zu gebrauchen. Als sie jedoch vor die Haustür trat und das Ausmaß der Verwüstungen in ihrer unmittelbaren Nachbarschaft in Augenschein nahm, wurde ihr erst richtig bewusst, dass viele Häuser noch wesentlich mehr in Mitleidenschaft gezogen wurden, als ihr eigenes.

Nachdem sie sich nach dem ersten Schock halbwegs erholt hatte und wieder klar denken konnte, überlegte sie, was neben der Versorgung ihres kleinen Kindes als nächstes zu tun war. Zuerst ging es darum, Karl über das Geschehen zu informieren. Sie setzte ihr Kleines in den Kinderwagen, der, Gott sei Dank, noch unversehrt war, lief zum Büro von Karls Chef und bat darum, ihm eine Nachricht über die Überschwemmungskatastrophe zu übermitteln, damit er so schnell wie möglich nach Hause kommen konnte. Aber dort sagte man ihr, dass Karl schon Bescheid wüsste und am Abend bei ihr zu Hause eintreffen würde.

Auf dem Nachhauseweg schaute sie noch kurz bei ihren Eltern vorbei, um sie über alles zu informieren. Sie waren von dem Hochwasser nicht direkt betroffen, da sich ihr Haus auf einer kleinen Anhöhe befand. Nachdem sie den kleinen Max bei ihrer Mutter bis zum Abend in Obhut gegeben hatte, ging sie nach Hause, um mit den Aufräumungsarbeiten zu beginnen. Schon von weitem sah sie einen alten Bekannten, nämlich Kurt, mit einem hämischen Grinsen auf dem Gesicht, um ihr Haus herumstreichen.

Als dieser nämlich erfuhr, in welchem Stadtgebiet das Hochwasser gewütet hatte, hoffte er inniglich, dass Karls Haus, wie viele andere auch, nicht mehr existieren würde. Seine Enttäuschung war aber groß, als er nun sah, dass dies nicht der Fall war.

Nach einigen abfälligen Bemerkungen Gudrun gegenüber, verschwand er aber wieder. Sie würdigte ihn keines Blickes und begann sofort mit den dringendsten Aufräumungsarbeiten. Am späten Nachmittag gesellten sich noch ihr Vater, sowie ihr Schwager mit Schwägerin hinzu, so dass, als dann endlich auch Karl eintraf, schon das Gröbste geschafft war.

In den nächsten Wochen war nun Karl wieder in seiner Freizeit damit beschäftigt, alle Schäden am Haus zu beheben und die in Mitleidenschaft gezogenen Einrichtungsgenstände neu zu fertigen. Dabei hatten die beiden wieder das große Glück, dass gerade jetzt eine sehr warme Schönwetterperiode einsetzte, so dass das Haus relativ schnell wieder trocken wurde.

Als sich nach einigen Wochen ihr Leben wieder in den gewohnten Bahnen bewegte, bemerkte Gudrun, an deren Bauch sich schon eine gewisse Wölbung abzeichnete, ein leichtes Ziehen in ihrem Körper, was sie sehr beunruhigte. Sie befand sich inzwischen schon in einem ziemlich fortgeschrittenen Stadium ihrer Schwangerschaft und hatte solche Anzeichen vor der Geburt ihres ersten Kindes nicht in Erinnerung. Karl, dem sie ihr ungutes Gefühl mitteilte, beruhigte sie jedoch und meinte, dass das schon nichts Ernsthaftes wäre. Eines Morgens, weit vor dem Zeitpunkt der erwarteten Niederkunft, verspürte sie plötzlich wehenartige Schmerzen im Unterleib und sah, dass das Bettzeug von Blut durchtränkt war. Karl lief sofort zur Hebamme, die schon ihre erste Entbindung begleitet hatte.

Sie konnte, nachdem sie Gudrun untersucht hatte, den beiden aber nur die traurige Mitteilung machen, dass es sich um eine Fehlgeburt handelte. Das kleine Wesen hatte keinerlei Überlebenschancen und konnte nur noch tot geboren werden. Nachdem Gudrun ihr von den Ereignissen während des Hochwassers berichtete, war der Hebamme sofort klar, dass die damit verbundenen körperlichen und seelischen Belastungen die Ursache für die total verfrühte Geburt waren.

Die kommenden Wochen erlebte Gudrun wie in Trance. Erschwerend für sie kam noch der Umstand hinzu, dass Karl weiterhin unter der Woche in Breslau arbeitete und ihr lediglich am Wochenende in ihrem Kummer beistehen konnte. Er selbst verkraftete den Tod seines Kindes wesentlich besser, aber das lag wohl hauptsächlich daran, dass er tagsüber mit seiner Arbeit voll ausgelastet war und sich am Abend mit der Organisation der Abläufe des kommenden Tages beschäftigen musste.

Gudrun hingegen konnte die Flutkatastrophe und den dadurch verursachten Verlust ihres Kindes auch Monate später immer noch nicht aus ihrem Kopf verdrängen. Sie hatte fast jede Nacht Alpträume, in welchen die Bilder des Erlebten sie immer aufs Neue aus dem Schlaf rissen. Sie konnte den beruhigenden Worten von Karl, dass solch ein Hochwasser einmalig und nie wieder vorkommen würde, einfach keinen Glauben schenken. Deshalb versuchte sie Karl immer wieder davon zu überzeugen, das Haus zu verkaufen und woanders hinzuziehen, wo solch eine Gefahr nicht mehr drohte.

Nun muss erwähnt werden, dass Karl sich unabhängig von Gudrun auch schon ähnliche Gedanken gemacht hatte. Aber diese hatten ihre Ursache nicht in den Befürchtungen, von denen Gudrun geplagt war, sondern hatten mit seiner beruflichen Tätigkeit zu tun.

Sein Unternehmen, für das er ja seit einiger Zeit in Breslau arbeitete, plante, auf längere Sicht dort eine beständige Zweigunternehmung zu eröffnen, um in dieser bedeutenden Metropole Fuß zu fassen. Breslau hatte zu dieser Zeit ca. 420.000 Einwohner und war die Hauptstadt der preußischen Provinz Schlesien. Es war also nicht mit dem kleinen, unbedeutenden Liegnitz zu vergleichen. Wer sich hier unternehmerisch neu etablieren wollte, musste sich schon sicher sein, dass er dem wesentlich größeren Konkurrenzdruck als in einem so kleinen Provinzstädtchen, wie Liegnitz, gewachsen war.

Nachdem Karl nun schon einige Monate in Breslau bewiesen hatte, dass er auch hier die ihm übertragenen Aufgaben zu vollster Zufriedenheit meisterte, hatte man sich entschlossen, ihm die Aufgabe des Aufbaues der neuen Zweigstelle sowie anschließend die Leitung derselben zu übertragen. Man bat ihn aus diesem Grund um sein Erscheinen in der Unternehmensleitung, um ihm ihre Vorstellungen mitzuteilen und sein Einverständnis dafür zu erlangen.

Karl, dem vorher nichts über den Grund des Treffens mitgeteilt wurde, fand sich zum vereinbarten Termin im Sekretariat ein und wurde kurz darauf zum Eigentümer des Unternehmers, Herrn Kowalski, hereingebeten. Es war im Prinzip erst das dritte Mal, dass er ihm persönlich gegenübersaß. Das erste Mal lernte er ihn ja kennen, als er anlässlich des Richtfestes für den Glockenturm der Liegnitzer Kirche dessen Tochter vor der unsittlichen Behandlung durch den völlig betrunkenen Kurt bewahrte. Das zweite Mal war, als er ihm beim Richtfest von Karls Haus einen Scheck in Höhe eines Monatslohnes überreichte.

Nun saß er ihm wieder gegenüber, ohne über den eigentlichen Grund Bescheid zu wissen.

Dieser unterhielt sich zuerst mit Karl über seine private Situation und eventuellen Probleme, bei denen er sich vielleicht überfordert fühlte. Dabei sprach Karl auch die mit dem Hochwasser verbundene Situation seiner Frau an und ließ durchblicken, dass er sein Häuschen verkaufen und sich woanders ansiedeln wollte, wo keine Überflutungsgefahr mehr drohte. Er hatte inzwischen das ihm vom Unternehmen gewährte Darlehen vorzeitig zurückgezahlt und erwähnte in diesem Zusammenhang, dass er hinsicht-

lich eines neuen Pachtgrundstückes schon Unterstützung gebrauchen könnte. Damit hatte er, ohne es zu wissen, für seinen Chef
eine Brücke zur Überleitung des Gespräches auf dessen Anliegen
gebaut.

Er kam nun ohne Umschweife auf sein Ansinnen zu sprechen
und erläuterte ihm das geplante Vorhaben mit allen dazugehö-
rigen zu bewältigenden Problemen. Er bat Karl, alles nochmals
gründlich zu bedenken, denn gerade für seine Frau würde der
Umzug in solch eine große Stadt erhebliche Veränderungen in
ihrer Lebensweise mit sich bringen. In dem Zusammenhang si-
cherte er ihm gleichzeitig zu, ihn bei der Suche einer für seine Familie angemessenen Wohnung zu unterstützen. Natürlich wurde
auch über das damit verbundene Gehalt gesprochen, das für ihn
nunmehr auf eine Größenordnung ansteigen würde, die ihn fast in
die gehobene Mittelschicht katapultieren würde.

Nach Feierabend zu Hause angekommen, berichtete er Gudrun
von dem Angebot seines Chefs und wartete nun gespannt auf ihre
Meinung. Sie war im ersten Moment mehr als überrascht, aber
letztendlich stand sie dem Ganzen nicht abgeneigt gegenüber. Zu
Karls Verwunderung stellte sie ihm aber zwei Bedingungen, bevor
sie dazu ihr endgültiges Einverständnis geben wollte.

Zum Ersten wollte sie vorher einmal Breslau kennenlernen,
denn sie war ja noch nie groß über die Grenzen von Liegnitz hinausgekommen. Diese Bedingung konnte er schnell erfüllen, denn
er versprach ihr, gleich am kommenden Wochenende mit ihr mit
dem Zug einen Ausflug nach Breslau zu unternehmen und einen
Streifzug durch die Stadt zu machen.

Die zweite Forderung, nämlich die Lösung des Wohnungspro-
blems, war schon etwas schwieriger, denn dies konnte er ohne
Mitwirkung seines Chefs allein nicht realisieren.

Aber zuerst ging es ja darum, dass Gudrun sich ein Bild von
der Stadt machen konnte. Sie packten also Proviant für einen Ta-
gesausflug ein, baten Waltraud, für diesen Tag ihren Max zu be-

aufsichtigen, und fuhren mit dem Zug nach Breslau. Schon die Zugfahrt, obwohl sie nur eine knappe Stunde währte, war für Gudrun ein großartiges Erlebnis. In der Stadt angekommen, kam sie aus dem Staunen nicht mehr heraus.

Die hohen Wohn- und Geschäftshäuser, die zumindest im Zentrum fünf bis sechs Stockwerke aufwiesen, der Marktplatz mit der Kathedrale, die großen Brücken mit ihren herrlich verzierten, gusseisernen Geländern, die über die Oder führten, und vieles andere mehr übten einen überwältigenden Eindruck auf sie aus. Vor allem das pulsierende Leben in der Innenstadt, das mit dem beschaulichen Treiben in Liegnitz nicht zu vergleichen war, versetzte sie regelrecht in einen euphorischen Zustand der Begeisterung.

Sie plapperte den ganzen Tag wie ein kleines Kind, wies Karl immer aufs Neue auf dieses und jenes hin und wurde regelrecht überwältigt von den vielen neuen Eindrücken. Karl war freudig überrascht von ihrer Reaktion auf das pulsierende Leben, denn er war vorher schon ein wenig ängstlich, dass sie davon fast erdrückt würde.

Auf der Fahrt nach Hause sagte sie ihm, dass sie sich schon vorstellen könnte, in diese Stadt zu ziehen, aber sie möchte auf keinen Fall mitten im Zentrum in all dem Trubel leben, sondern würde eine ruhigere Wohngegend am Stadtrand bevorzugen. Das war auch die Meinung von Karl, denn er konnte sich vorstellen, dass die Mieten direkt im Zentrum, selbst unter seiner neu in Aussicht stehenden Gehaltshöhe, unerschwinglich waren.

Nun kam es also nur noch darauf an, eine geeignete Wohnung zu finden, damit sich Gudrun auch wirklich in der neuen Umgebung wohlfühlte und ihre Bilder von der Flutkatastrophe endgültig der Vergangenheit angehörten.

Um diesen Schritt in Angriff zu nehmen, kam er auf das Angebot des Herrn Kowalski zurück, der ihm ja zugesagt hatte, ihn in dieser Angelegenheit zu unterstützen. Als er ihm nun wieder gegenübersaß, um ihm zu eröffnen, dass er das Angebot gerne annehmen würde, wenn er ihm bei der Suche einer für ihn angemessenen Wohnung behilflich sein würde, hatte dieser schon wieder eine Überraschung parat. Er hatte sich für Karl in einem fünfgeschossigen, gepflegten Wohnhaus in der Nähe der Universität eine geräumige Hochparterrewohnung reservieren lassen, zu der nach hinten hinaus sogar ein kleines Gärtchen gehörte. Die Höhe der Miete lag auch in dem Rahmen, in dem er sich in Anbetracht des ihm in Aussicht gestellten neuen Gehaltes, ohne sich zu überfordern, bewegen konnte. Er bot Karl an, dass er sich zusammen mit seiner Frau im Beisein seines Prokuristen die Wohnung anschauen sollte. Falls ihnen die Wohnung gefallen würde, könnte sofort an Ort und Stelle der Mietvertrag aufgesetzt und unterschrieben werden.

Gesagt, getan, am nächsten Wochenende fuhren sie in Begleitung des Prokuristen wieder nach Breslau und schauten sich die Wohnung an. Wie man sich leicht vorstellen kann, waren die beiden mehr als begeistert und konnten ihr Glück kaum fassen. Karl hatte eigentlich angenommen, dass man ihm eine ganz normal beschaffene Wohnung anbot, aber was er nun sah, übertraf all seine Erwartungen.

Die beiden fühlten sich, wie von der Wirklichkeit in ein Märchen zurückversetzt. Sie gaben, nachdem alle Klauseln des Mietvertrages mit dem Vermieter noch einmal besprochen wurden, ihre Zustimmung und besiegelten ihn mit seiner Unterschrift. Mit diesem Schriftstück in der Tasche fuhren sie nun überglücklich nach Hause, suchten sofort Wilhelm und Waltraud auf, die ja während ihrer Abwesenheit wieder den kleinen Max beaufsichtigt hatten und schilderten ihnen alles.

Wilhelm und Waltraud freuten sich natürlich sehr für die beiden, obwohl Letztere doch schon ein wenig traurig war, denn Gudrun war für sie eine richtige Freundin geworden, bei der sie immer ihr Herz ausschütten konnte, wenn sie etwas bedrückte.

Karl und Gudrun waren nun in den nächsten Wochen voll damit ausgelastet, den Umzug nach Breslau vorzubereiten und alles zu verpacken, was sich lohnte, mitzunehmen. Sein Häuschen, das ja auf einem Pachtgrundstück der Firma stand, wollte er in Absprache mit dem Prokuristen seinem Schwager anbieten, der, wie er wusste, in naher Zukunft auch vorhatte, sich eine eigene Bleibe anzuschaffen.

Er hätte es in monatlichen Raten an ihn abzahlen können und da er in diesem Zusammenhang die Miete für ihre bisherige Wohnung einsparen würde, wäre die finanzielle Belastung erträglich geblieben. Als er aber mit seinem diesbezüglichen Vorschlag an ihn herantrat, war er jedoch nach einer kurzen Bedenkzeit der beiden überrascht, dass sie sein Angebot ablehnten. Es lag aber mehr oder weniger an Waltraud, denn sie war, ebenso wie Gudrun, der Überzeugung, dass solch eine Hochwasserkatastrophe immer wieder eintreten und das Haus überfluten konnte.

Letztendlich verkaufte er mit Hilfe des Prokuristen das Häuschen an einen Mitarbeiter der Firma, dem ebenso wie ihm damals, ein Kredit zur Verfügung gestellt wurde.

Endlich war es soweit, alles stand, sorgfältig in Kisten verpackt, bereit und wartete auf den Abtransport. Für den Transport zum Bahnhof sowie desgleichen vom Breslauer Bahnhof in ihr neues Heim, hatte sein Chef Arbeiter der Firma abgestellt, so dass alles reibungslos vonstattenging.

Auf dem Weg zum Bahnhof wurden sie selbstverständlich von Waltraud und Wilhelm begleitet. Dort flossen beim Abschiedszeremoniell, speziell bei den beiden Frauen, die Tränen in solchen Strömen, als ob es ein Abschied für immer wäre.

Nun wurde auch mein Schlaf wieder gestört, denn ich erlebte dies alles in meinem Traum so intensiv mit, dass mir auch die Tränen über die Wangen kullerten. Ich musste tatsächlich aufstehen und mir ein Taschentuch holen, um kräftig darein zu schniefen und mir die Tränen abzuwischen.

Dann erst konnte ich mich wieder hinlegen und versank sogleich wieder in meine eigenartige Traumwelt.

In dieser waren Karl und Gudrun gerade dabei, die inzwischen angelangten Umzugskisten auszupacken. Die mitgenommenen Möbel selbst befanden sich alle schon an ihrem vorgesehenen Platz und die von der Firma abgestellten Arbeiter waren, nachdem sie von Karl und Gudrun für ihre Hilfe bewirtet wurden, schon wieder auf der Heimreise.

In den nächsten Tagen hatten die beiden alle Hände voll zu tun, um die Wohnung einzurichten. Die wenigen Möbel aus ihrem alten Besitz reichten bei weitem nicht aus, um die wesentlich größere Wohnung zu einer gemütlichen Heimstätte zu machen. Wie vormals schon angedeutet, handelte es sich um eine Hochparterre-Wohnung, an die sich auf der rückwärtigen Seite ein kleines Gärtchen anschloss.

Die Wohnung selbst hatte sechs Zimmer. Von einem geräumigen Korridor mit mehreren Türen gelangte man auf einer Seite in eine großzügige Wohnküche. Gleich daneben führte eine Tür in ein Badezimmer mit Badewanne und daran schloss sich eine kleine separate Toilette an. Sämtliche gerade erwähnten Räume besaßen natürlich Wasseranschlüsse, die Toilette hatte sogar eine richtige Wasserspülung. Der Anschluss an die städtische Wasserversorgung wurde übrigens erst kurz vor ihrem Einzug durch die Inbetriebnahme eines 63 Meter hohen Wasserturmes ermöglicht. Selbst die Entsorgung des anfallenden Abwassers erfolgte ab dieser Zeit durch ein im Erdreich verlegtes Rohrleitungssystem, welches in ein zentrales Klärwerk führte. Es herrschten in dieser Hinsicht gegenüber den Gegebenheiten in Liegnitz für ihre Begriffe hier fast luxuriöse Zustände.

Nun aber weiter mit der Beschreibung der Wohnung.

Auf der Küchenseite befand sich noch ein kleinerer Raum, der von Karl als Arbeitszimmer genutzt wurde, und ein weiterer Raum, der zunächst für Gudrun als Handarbeitszimmer diente. Gegenüber der Küche nun lag ein relativ großes Wohnzimmer mit einem wunderschönen Kachelofen.

Daneben befanden sich noch zwei Räume, die als Schlaf- und Kinderzimmer dienten. Zu erwähnen wäre noch ein rustikaler Schuppen aus Holzbohlen, der sich am Ende des Gärtchens befand und in dem die Holz- und Kohlevorräte gelagert wurden.

Die Vervollständigung der Einrichtung der Wohnung nahm danach noch etliche Wochen in Anspruch, denn Karl musste sich zunächst vorrangig intensiv mit der Beschaffung eines geeigneten Grundstückes für die neue Zweigstelle des Unternehmens beschäftigen. Dafür durchstreifte er tagelang die verschiedensten Stadtteile, am Wochenende machte er sogar, um die Sache zu beschleunigen, mit Gudrun und Max Erkundungszüge quer durch die Stadt.

Das hatte für beide gleichzeitig den Vorteil, dass sie die Stadt nun so tiefgründig kennenlernten, dass sie fast als Fremdenführer eingesetzt werden konnten.

Nach knapp zwei Wochen schließlich wurde seine Suche von Erfolg gekrönt. Er konnte seinem Chef telegraphieren, dass er ein erst vor kurzem stillgelegtes Betriebsgelände mit relativ intakter Bausubstanz für Werkstatt und Büro, einschließlich der benötigten Lagerflächen für die Baumaterialien, preisgünstig erwerben könnte.

Nachdem dieser persönlich vor Ort alles in Augenschein genommen und für gut befunden hatte, wurde der Kaufvertrag abgeschlossen und ab jetzt fing die eigentliche Arbeit für Karl erst richtig an.

Auf der Basis der Bauvorhaben in Breslau, die ihm von der Unternehmensleitung in Liegnitz in Eigenverantwortung übertragen wurden, galt es nicht nur, immer die entsprechenden Arbeitskräfte zu beschaffen und über deren Entlohnung zu entscheiden. Er musste sich auch um die Beschaffung der benötigten Materialien kümmern, die organisatorischen Abläufe auf den Baustellen koordinieren und vieles andere mehr. Man kann sich gut vorstellen, dass ihm die Arbeit in den ersten Wochen fast erdrückte und aus diesem Grund wieder einmal viel zu wenig Zeit für seine Familie übrigblieb. Aber diesmal brachte Gudrun dafür das notwendige Verständnis auf und kam nicht wieder auf abwegige Gedanken wie einst, als Karl in Liegnitz zum Meister der Zimmerer berufen wurde.

Nach einigen Wochen hatte sich Karl dann auch so weit eingearbeitet, dass sich das Familienleben langsam wieder normalisierte.

Gudrun selbst, die von ihrem Naturell her schon immer sehr kontaktfreudig war, hatte in der Zwischenzeit schon die Bekanntschaft mit etlichen Frauen der unmittelbaren Nachbarschaft gemacht und fühlte sich inzwischen pudelwohl. Auch in dieser Hinsicht hatten sie beide mit ihrem neuen Wohnort großes Glück, denn es gibt bekanntlich nichts Schlimmeres, als Nachbarn zu haben, mit denen man nicht klarkam.

Bei Gudrun war es bald so, dass sie sich regelmäßig gegenseitig zum Kaffeekränzchen einluden, so dass sie sich nie über Langeweile beschweren konnte. Mit der Zeit entwickelten sich regelrecht freundschaftliche Beziehungen und man verbrachte so manche Abende sogar zusammen mit den Ehepartnern der Nachbarsfrauen. In diesem Zusammenhang muss erwähnt werden, dass diese engen nachbarlichen Bindungen vor dem Zuzug von Karl und Gudrun gar nicht in dieser Tiefe stattfanden.

Man grüßte sich, wenn man sich traf, machte eventuell ein kleines Schwätzchen, und das war`s dann auch schon. Erst durch das offenherzige Auftreten von Gudrun entstand dieses neue Zusammengehörigkeitsgefühl untereinander.

Da das Leben für Karl und Gudrun nun wieder in ruhigeren Bahnen verlief und sie wieder mehr Zeit für das vormals ein wenig vernachlässigte Liebesleben aufbrachten, ließen die Früchte desselben nicht lange auf sich warten. Das heißt, sie konnte eines Abends Karl mit der freudigen Mitteilung überraschen, dass er wohl bald wieder Vater werden würde. Er freute sich natürlich sehr, denn letztendlich musste ja die relativ große Wohnung auch mit der entsprechenden Kinderschar ausgelastet werden. Er selbst hätte jetzt als zweites Kind gerne ein Töchterchen, weil er es schön fand, wenn später der große Bruder, also Max, als Beschützer der kleineren Tochter auftreten konnte. Aber das lag ja nun nicht in seinen Händen, sondern musste dem Zufall überlassen werden.

Inzwischen wurde es nun auch langsam Zeit, dass sie Waltraud und Wilhelm einmal zu sich übers Wochenende einluden, um ihnen ihr neues Heim zu zeigen. Es hatten sich bisher nur die beiden Frauen brieflich über alles ausgetauscht, aber im letzten Brief deutete auch Waltraud an, dass sie über einige Neuigkeiten zu berichten hätte.

Als es dann endlich so weit war und sie die beiden mit einer Droschke vom Bahnhof abholten, flossen bei den Frauen die Wiedersehenstränen, ähnlich wie damals beim Abschied, wieder in Strömen. Es waren ja nun wirklich fast zwei Monate seit ihrem Abschied vergangen, da konnte man schon verstehen, dass einige Tränen berechtigt waren.

Nach ihrer Ankunft erfolgte als Erstes ein obligatorischer Rundgang durch Haus und Garten. Anschließend begab man sich ins Wohnzimmer und bei einer Tasse Kaffee und selbstgebackenem Kuchen plauderte man über die verschiedensten Dinge, die sich zwischenzeitlich begeben hatten. Zu diesem besonderen Anlass wurde sogar richtiger Bohnenkaffee ausgeschenkt und nicht nur der ansonsten übliche Ersatzkaffee aus Gerste.

Nun, als man sich über fast alle nennenswerten Themen unterhalten hatte, überraschte Gudrun die beiden mit der Nachricht, dass sich bei ihr wieder neuer Nachwuchs andeutete. Auf die Nachfrage von Waltraud, ob bisher keine Unregelmäßigkeiten aufgetreten sind, konnte sie sie beruhigen, denn jetzt waren ja nicht solche verheerenden Ereignisse zu erwarten, wie vor nunmehr gut einem Jahr in Liegnitz. Im Gegenteil, es passte ja auch alles wunderbar zusammen, denn Max würde zum Zeitpunkt ihrer erneuten Niederkunft fast das zweite Lebensjahr erreicht haben und damit fast aus dem Gröbsten heraus sein.

Das war jetzt das Stichwort für Waltraud, denn sie rutschte schon länger auf ihrem Stuhl hin und her, da sie auch eine Neuigkeit loswerden wollte. Sie erwähnte nun, dass sich bei ihr in dieser Hinsicht auch etwas andeutete und sie sich sehr darauf freuten.

Jetzt kam auch Wilhelm endlich einmal zu Wort, der durch den ununterbrochenen Wortschwall der beiden Frauen bisher keine Möglichkeit fand, auch etwas Wichtiges los zu werden. Er erwähnte, dass sie demnächst auch eine neue Wohnung beziehen würden, da die bisherige für die sich andeutende, umfangreichere Familiengröße jetzt nicht mehr ausreichen würde. Nun war es schon immer ihr Plan, sich ein eigenes Heim anzuschaffen und zufälligerweise bot sich gerade jetzt eine sehr gute Möglichkeit an, ihren Traum zu verwirklichen. Sie hatten die Chance, ein kleines Häuschen relativ zentrumsnah zu erwerben, das in Kürze frei werden würde.

Da sie zwar schon lange auf dieses Ziel hin jede Mark, die zu entbehren war, beiseitegelegt hatten, fehlte aber trotzdem noch ein gehöriger Betrag zur Begleichung des Kaufpreises. Diesen Fehlbetrag wollte ihnen, ähnlich wie bei Karls Hausbau damals, das Unternehmen als in Raten abzahlbaren Kredit zur Verfügung stellen. Was die Lage des Grundstückes betraf, so war hier nicht zu befürchten, dass es bei einem so gewaltigen Hochwasser, wie damals, in Mitleidenschaft gezogen werden würde.

Karl und Gudrun freuten sich riesig für die beiden und es versteht sich von selbst, dass all die freudigen Nachrichten des Tages mit etlichen Gläschen selbst angesetzten Likörs begossen wurden.

Wie man aus den Lebensläufen der beiden Familien entnehmen kann, gab es im Prinzip bei beiden, was die vergangenen Jahre betraf, bis auf einige Tiefpunkte, nur Positives zu berichten.

Es wäre allzu schön gewesen, wenn man das von den folgenden Jahren auch behaupten könnte. Aber leider wurde das beschauliche Leben, zumindest bei Karl, abrupt unterbrochen durch ein Ereignis, das nicht durch ihn selbst zu beeinflussen war.

Die Preußische Provinz Schlesien war, wie es der Name schon ausdrückt, eine Provinz des Königreiches Preußen. In dieser bestand unter anderem eine Wehrpflicht für alle männlichen Bürger ab Vollendung des 17. Lebensjahres. Da die Größe des stehenden Heeres sich in der damaligen Zeit je nach Bedarf auf ca. 200.000 bis 300.000 Mann belief, der Anteil der Männer in der genannten Altersklasse jedoch wesentlich höher war, kam nicht jeder in den Genuss, als Wehrpflichtiger dienen zu dürfen. Um dazugehören zu dürfen, musste man sich zweimal jährlich bei den sogenannten Ersatzbehörden melden, wo dann entschieden wurde, wann und wie derjenige militärische Verwendung finden würde.

Karl, der ja mittlerweile schon das Alter von fast 25 Jahren erreicht hatte, war bisher immer um die Einberufung zum Wehrdienst herumgekommen. Nun aber, da er verheiratet und Vater eines Kindes war und sich beruflich gerade erfolgreich etabliert hatte, erreichte ihn der Befehl zur Einberufung zur Landwehr für den Zeitraum von zwei Jahren.

Als Dienstort wurde ihm die Infanteriekaserne in Gleiwitz genannt. Er musste sich demzufolge am ersten Oktober früh um sechs Uhr zum Dienstantritt auf dem Vorplatz des Bahnhofes einfinden, von wo aus alle Neugemusterten mit der Eisenbahn an ihren Zielbahnhof transportiert werden sollten. Gleiwitz lag in etwa knapp 170 km von Breslau entfernt, was gleichzeitig bedeutete, dass er seine Familie während seiner Dienstzeit wahrscheinlich nicht mehr zu sehen bekam, da für einfache Soldaten weder Ausgang noch Urlaub vorgesehen war.

Man kann sich vorstellen, dass Gudrun davon nicht gerade begeistert war, denn der Zeitpunkt ihrer voraussichtlichen Niederkunft stand kurz bevor und er würde sein Kind erst richtig erleben können, wenn es schon zwei Jahre alt war. Dazu kam noch die finanzielle Seite, denn sein monatliches Einkommen, bei der Wehrmacht „Löhnung" genannt, würde gerade einmal knapp 16 Mark betragen. Sie brauchte zwar deshalb nicht gleich zu verzweifeln, denn sie hatten in der vergangenen Zeit für unvorhergesehene Ereignisse genügend Rücklagen gebildet, so dass sie keine Not leiden müsste. Diese finanzielle Reserve war eigentlich für einen anderen Zweck vorgesehen, denn sie dachten in naher Zukunft an den Kauf eines eigenen Hauses, aber das musste nun eben ein wenig verschoben werden.

Er selbst machte sich jedoch am meisten Sorgen in beruflicher Hinsicht, denn für die Leitung der Zweigunternehmung, die inzwischen sehr erfolgreich arbeitete, stand er nun nicht mehr zur Verfügung.

Aber diese Sorge war völlig unbegründet, denn diese Aufgabe wollte man, begrenzt auf die Zeit, wo er seinen Wehrdienst ableistete, seinem Vorarbeiter übertragen. Dieser sollte bei Bedarf von Wilhelm, der inzwischen in Liegnitz bei der Leitung ein hohes Vertrauen genoss, bei Bedarf unterstützt werden. Es war also alles geregelt, auch was seine Rückkehr auf seine ursprüngliche Position nach Ableistung des Wehrdienstes betraf; er brauchte sich also wirklich keine Sorgen um die Zeit danach zu machen.

Trotzdem grübelte er laufend darüber nach, weshalb es gerade ihn, wo er sich doch nun schon im 25. Lebensjahr befand und nun endlich sein Leben richtig mit seiner Familie genießen wollte, mit dem Wehrdienst erwischt hatte. Im Hinterkopf setzte sich bei ihm immer mehr der Gedanke fest, dass sein früherer Gegenspieler Kurt der Grund dafür sein könnte. Auf diese Idee wurde er erst von seinem Schwager gebracht, als sie ihn und Waltraud wieder einmal in Liegnitz besuchten. Dieser hatte nämlich in Erfahrung gebracht, dass auch sein ewiger Widersacher zufälligerweise zum Wehrdienst bei der Landwehr in Gleiwitz verdonnert wurde und zwar für den gleichen Zeitraum, wie er selbst.

In diesem Zusammenhang äußerte er die Vermutung, dass er sich schon vorstellen könnte, dass Kurt anlässlich seiner Musterung für den Wehrdienst die Behörden auf Karl aufmerksam gemacht haben könnte, um ihm eins auszuwischen. Beweisen ließen sich diese eventuellen Zusammenhänge zwar nicht, aber ganz von der Hand zu weisen waren diese Gedanken auch nicht. Denn Kurts Groll gegenüber Karl hatte sich ja nicht gelegt, nur weil er jetzt in Breslau wohnte, sondern er wollte ihm nach wie vor das Leben zur Hölle machen.

Nun soll unser Augenmerk aber erst einmal wieder auf Gudrun gelenkt werden, denn, falls diesmal alles nach Plan und vor allem komplikationslos verlief, sollte die Geburt ihres Kindes kurz vor dem Beginn des Wehrdienstes von Karl erfolgen.

Diesmal verlief auch alles ganz normal und er musste auch nicht, als er im Nebenzimmer wartete, immer von der Hebamme beruhigt werden, wenn irgendwelche unartikulierte Schreie zu ihm drangen. Als Gudrun alles überstanden hatte, legte ihm die Hebamme sein nun zweites Kind in die Arme. Es war wieder ein Junge, der gesund und munter, laut schreiend, auf sich aufmerksam machte. Er hatte sich ja eigentlich für Max ein Schwesterchen gewünscht, aber es ging nun mal nicht nach seinem Willen, sondern die Natur folgte ihren eigenen Gesetzen.

Da Gudrun und Karl jedoch schon immer der Meinung waren, dass mindestens vier Kinder ihre Wohnung bevölkern sollten, war er deshalb zuversichtlich, dass es schon noch mit mindestens einem Töchterchen klappen würde. Ihrem Sohn gaben sie übrigens den Namen „Paul".

Bedingt durch die kurz auf die Geburt folgende Einberufung zum Wehrdienst, musste er diesmal nicht, wie bei der Geburt von Max, für längere Zeit unruhige Nächte durch die oftmals lautstarken Äußerungen seines neuen Nachwuchses über sich ergehen lassen. Jetzt hätte er zwar sehr gerne diese unliebsamen Störungen gegen den Wehrdienst eingetauscht, aber das lag nun mal nicht in seiner Macht.

Am letzten Wochenende im September, am ersten Oktober musste er ja bekanntlich seinen Armeedienst antreten, veranstalteten sie zusammen mit Waltraud und Wilhelm und den befreun-

deten Nachbarsfamilien noch einmal so etwas, wie ein Abschieds-
fest. Es wurde ihm von allen Seiten nochmals zugesichert, dass er
sich während seiner Abwesenheit keine Sorgen um seine Familie
machen müsse, denn sie würden Gudrun bei eventuellen unvor-
hergesehenen Problemen nie allein lassen.

Dann aber war es so weit, er verabschiedete sich von Gudrun
und seinen Kindern und begab sich am frühen Morgen zum an-
gegebenen Sammelplatz vor dem Bahnhof. Dort warteten schon
mehrere hundert andere, die das gleiche Schicksal wie ihn ereilt
hatte. Sie wurden von einem uniformierten Soldaten einzeln aufgerufen und anschließend in die dafür bereitstehenden Truppen-
transportwaggons verfrachtet. Am Zielort angekommen, mussten
sie sich in Dreierreihen zu je 60 Mann aufstellen und ab ging es
zur Kaserne.

Unterwegs wurde schon durch lautstarkes Brüllen eines Unteroffizieres das Marschieren im Gleichschritt geübt, womit die
meisten Neuankömmlinge jedoch total überfordert waren. Es war
schon ein etwas seltsamer Haufen, der sich in Richtung Kaserne
bewegte. Vom geforderten Gleichschritt konnte man nicht gerade
sprechen, denn man trat sich laufend gegenseitig in die Hacken
und geriet dadurch immer ins Stolpern. Manche hatten ein kleines
Köfferchen in der Hand, andere einen Rucksack auf dem Rücken
und einige hatten gar nichts dabei, in der Annahme, dass sie ja
in der Kaserne voll versorgt würden. Auf dem Kasernengelände
angekommen, mussten sie sich wieder in Reih und Glied aufstellen und dabei eine Art „Empfangsrede" über sich ergehen lassen,
die von einem Oberfeldwebel, als welcher dieser sich vorstellte,
gehalten wurde.

Da er von seiner Erscheinung her eher von kleiner Statur, einem
feisten Gesicht und mit fast einem kugelrunden Bäuchlein ausgestattet war, sah er aus, wie ein uniformiertes Panoptikum.

Dieser schritt nun mit wichtigtuerischer Mimik vor ihnen auf
und ab und hielt eine ca. halbstündige Rede. Es ging hier um

Vaterlandsliebe, Achtung gegenüber den Vorgesetzten, Treue, Gehorsam und vieles andere mehr. Als er seine Predigt beendet hatte, wurde wieder jeder einzeln aufgerufen und es erfolgte die Einweisung in die jeweiligen Mannschaftsgebäude der Kaserne. Anschließend bezog nun jeder erst einmal das ihm zugewiesene Zimmer, dort wurden kurz die mitgeführten Sachen abgelegt und danach musste man in Zimmerstärke im Flur Aufstellung nehmen. Dann ging es zur Kleiderkammer, wo jeder einen Satz Uniformen ausgehändigt bekam.

Das waren eine Paradeuniform, zwei Ausgehuniformen und zwei Dienstuniformen. Karl wunderte sich zwar, wofür die Ausgehuniformen dienten, da es ja so gut wie keinen Ausgang gab, aber wie er später erfuhr, fanden sie bei eventuellen Gruppenausgängen Verwendung. Nachdem alles in dem für jeden Soldaten zur Verfügung stehenden Spind untergebracht war und sie sich eine der Arbeitsuniformen angelegt hatten, musste wieder im Flur Aufstellung genommen werden und es wurde ein sogenannter Stubenältester bestimmt. Dieser war verantwortlich für Ordnung und Sauberkeit im Zimmer, einschließlich der korrekten Ablage der Kleidungsstücke in den Schränken, und vieles andere mehr.

In meinem Traum fühlte ich mich hier zurückversetzt in meine eigene Dienstzeit bei der Armee, wo es fast genauso zuging, obwohl diese knapp 100 Jahre später stattfand.

Zusammenfassend kann über die Funktion des Stubenältesten also gesagt werden, dass er gewissermaßen als „Fußabtreter" bei Zimmerkontrollen herhalten musste, falls irgendetwas nicht korrekt war. Von seinem Durchsetzungsvermögen hing es entscheidend ab, ob die gesamte Zimmerbesatzung für die Schludereien einzelner zu leiden hatte. Denn bei Verfehlungen wurden immer für die gesamte Zimmerbesatzung Strafmaßnahmen erhoben. In unserem Fall wurde Karl, da er mit Abstand der Älteste in seinem Zimmer war, diese ehrenhafte Stellung als Stubenältester zugeteilt.

Die Zimmer selbst waren sehr spartanisch eingerichtet. Es befanden sich sechs Doppelstockbetten darin, sowie sechs einfache Spind ähnliche Schränke. In der Mitte des Zimmers stand noch ein Tisch mit sechs Stühlen. Das war es dann schon.

Nachdem der Bezug des Zimmers am späten Nachmittag soweit abgeschlossen war, wurde die Tür aufgerissen, der für ihren Trupp zuständige Unteroffizier trat ein und Karl musste seine Fähigkeit als Stubenältester das erste Mal unter Beweis stellen. Nachdem er in ziemlich unsoldatischer Haltung die erforderliche Meldung erstattete und sie einen Vortrag über die korrekte Spind-, Kleider- und Meldeordnung über sich ergehen lassen mussten, machte er sie mit den täglichen Dienstabläufen bekannt. Sie erfuhren nun, dass sie um 6.00 Uhr geweckt wurden, nach erfolgtem Waschgang und korrekter Herrichtung des Zimmers, das er natürlich vorher inspizieren würde, ging es dann in der geschlossenen Gruppe im Gleichschritt in den Versorgungstrakt der Kaserne, wo nun eine halbe Stunde Frühstück anstand.

Die Zeit von 8.00 bis 18.00 Uhr war für den Truppendienst vorgesehen und um 19.00 Uhr ging es dann wieder in der geschlossenen Gruppe im Gleichschritt zum Abendessen, für das eine halbe Stunde vorgesehen war. Um 22.00 Uhr letztendlich war allgemeine Bettruhe.

Nachdem sie an diesem Tag endlich nach dem Abendessen wieder auf ihrem Zimmer waren, setzte sich Karl erst einmal an den Tisch, um einen Brief an Gudrun zu schreiben und ihr mitzuteilen, dass es ihm den Umständen entsprechend gut ging. Er schrieb ihr übrigens fast jeden Tag ein paar Zeilen, egal wie abgekämpft und erschöpft er am Abend auch war. Darin unterschied er sich auch von seinen Zimmerkameraden, die fast nie etwas nach Hause schrieben, sondern ihre karge Freizeit nur mit irgendwelchen Kartenspielen verbrachten.

Am nächsten Morgen nun wurden sie punkt 6.00 Uhr von einem Feldwebel durch ein löwenähnliches Gebrüll abrupt aus dem Schlaf gerissen.

Ähnliches widerfuhr mir nun in meiner Traumwelt auch, so dass ich blitzartig aus dem Bett sprang und damit unsanft in meiner Nachtruhe gestört wurde. An ein Weiterschlafen war jedenfalls nicht mehr zu denken, so dass ich mein Tageswerk, eher als ursprünglich geplant, beginnen musste.

Als ich mich am späten Abend zu Bett begab und der Schlaf mich wieder in meine Traumwelt führte, fand ich mich nach kurzer Zeit auf dem Exerzierplatz innerhalb des Kasernengeländes wieder, wo die Neuankömmlinge die nächsten Wochen fast ausschließlich verbrachten.

Dort wurden sie gewissermaßen in die Grundkenntnisse des Marschierens in der Zugformation eingeweiht. Begleitet wurden sie dabei von zünftiger Marschmusik, sowie dem Gebrüll des kommandierenden Unteroffizieres, der diese noch zu übertönen versuchte. Nachdem sie das Marschieren in etwa sechs Wochen einigermaßen beherrschten, wurden sie mit den Geheimnissen des Infanteriegewehres, das sie späterhin zu schultern hatten, vertraut gemacht.

Solchermaßen mit dem notwendigsten soldatischen Grundwissen ausgestattet, das übrigens an mindestens zwei Tagen in der Woche immer wieder aufs Neue vertieft wurde, ging es jetzt daran, alles in kriegerischen Übungen beim Kampf gegen einen gedachten Gegner anzuwenden. Das einzig Gute daran war, dass man an diesen Tagen dem eintönigen Trott des Kasernenlebens entfliehen konnte, denn die erdachten Kämpfe gegen irgendwelche Gegner fanden immer außerhalb des Kasernengeländes in der ländlichen Umgebung von Gleiwitz statt.

Oftmals kam es dabei vor, dass bei irgendwelchen simulierten Angriffen die Felder der Bauern regelrecht verwüstet wurden und sie dadurch beträchtliche Ernteverluste zu verzeichnen hatten. Man kann sich vorstellen, dass aus diesem Grund die Soldaten nicht gerade beliebt bei der Bevölkerung waren.

Bei mir nun bewirkten diese in meinem Traum vorüberziehenden Ereignisse, dass ich mich im Schlaf unruhig hin und her wälzte. Irgendwann in dieser Nacht verblassten dann auch diese während der Armeezeit sich immer wieder wiederholenden Vorgänge und die zweijährige Dienstzeit von Karl zog wie im Schnellgang an mir vorbei. Kurz bevor ich aufwachte, hatte ich noch das Bild vor Augen, wie Karl bei seiner Rückkehr in Breslau am Bahnhof seine beiden Kinder sowie Gudrun überglücklich umarmte und sie gemeinsam nach Hause fuhren. Sein Glück erhielt lediglich einen kleinen Dämpfer, da sich der kleine Max, der ja inzwischen schon knapp vier Jahre alt war, ängstlich an seine Mutter klammerte, weil Karl ihm wie ein fremder Mann erschien.

Noch schlimmer war es bei dem kleinen Paul, der sogar lauthals schrie, als Karl ihn umarmte. Diese schrillen Gefühlsäußerungen des Kleinen führten dann auch dazu, dass ich aus meinem Schlaf gerissen wurde.

Irgendwie war ich am Abend, als ich mich wieder zur Nachtruhe begab, von den Ereignissen der letzten Nacht noch richtig aufgewühlt, so dass ich erst nach geraumer Zeit in den Schlaf fand. Als mich dann endlich doch der Schlaf übermannte, dauerte es nicht lange und wie von Zauberhand wurde ich wieder in meine wundersame Traumwelt geführt.

Ich fand mich wieder in einer fröhlichen Runde, wo die beiden zusammen mit Wilhelm und Waltraud, sie hatte inzwischen auch einen kleinen Jungen zur Welt gebracht, sowie den befreundeten Nachbarn eine zünftige Wiedersehensfeier veranstalteten. Man kann sich vorstellen, dass zu diesem Anlass mancher Tropfen von Gudruns selbstgemachtem Likörs floss und Karl, der solche Getränke gar nicht mehr gewöhnt war, musste aufpassen, dass er davon keinen Schwips bekam. Aber es hielt sich alles noch in verträglichen Grenzen, so dass abends im Bett das lange entbehrte Liebesleben der beiden nicht darunter litt.

Nun konnte er es kaum erwarten, wieder in seiner Zweigstelle die Zügel zu übernehmen. Auch in finanzieller Hinsicht wurde es langsam höchste Zeit, dass wieder Geld in seine Haushaltskasse floss, denn die ehemals vorhandenen Reserven waren fast aufgebraucht.

Wilhelm, der in seiner Abwesenheit zusammen mit Karls Vorarbeiter die anstehenden Aufgaben halbwegs bewältigt hatte, war auch erleichtert, dass er jetzt wieder entlastet wurde.

Nachdem sich Karl bei seinem Chef zurückgemeldet hatte, musste er sich am folgenden Tag bei ihm einfinden und wie vormals zugesagt, wurde er wieder als Leiter der Zweigstelle eingesetzt. Dabei erfuhr er, dass Herr Kowalski sich entschlossen hatte, die gesamte Unternehmensleitung von Liegnitz nach Breslau zu verlagern.

Der Standort Liegnitz sollte unter der Verantwortung von Wilhelm nur noch als Nebenstelle fungieren. Er erfuhr nun, dass er sich nicht wundern sollte, wenn er seinen alten Arbeitsort zu Gesicht bekommen würde, denn durch die bereits in Angriff genommenen Umbaumaßnahmen würde er ihn kaum mehr wiedererkennen. Es wurde vereinbart, dass er sich am nächsten Tag zusammen mit dem Prokuristen an seiner alten Wirkungsstätte treffen und dieser ihn über alle geplanten Maßnahmen in Kenntnis setzen sollte.

Als er am nächsten Tag dort eintraf, blieb ihm tatsächlich im ersten Moment fast die Sprache weg, denn das Zweigstellengelände war kaum mehr wiederzuerkennen. Sein vormals ziemlich spartanisch beschaffenes Büro existierte nicht mehr, an dieser Stelle befand sich nun ein dreigeschossiges Gebäude, wo Arbeiter gerade dabei waren, die letzten Räume mit den notwendigen Büromöbeln zu bestücken.

Ebenso suchte er die alte Werkstatt vergebens, denn an dieser Stelle befand sich jetzt ein langer Flachbau, in welcher sich ein Maschinenpark von elektrisch angetriebenen Maschinen befand, die für ihn teilweise totales Neuland bedeuteten.

Mit diesen Maschinen war das Unternehmen jetzt in der Lage,

in Eigenregie die komplette Palette des Innenausbaues der vom Unternehmen hergestellten Gebäude zu realisieren.

Ihn selbst hatte man bis zum Abschluss der Arbeiten im Bürogebäude vorübergehend in eine alte Baracke umgesiedelt, die nach seinem in wenigen Tagen erfolgten Umzug, abgerissen werden sollte.

Während seiner Abwesenheit hatte man auch schon Vorsorge getroffen, dass mit Inbetriebnahme des neuen Maschinenparks auch die dafür benötigten qualifizierten Arbeitskräfte zur Stelle waren. Seine wichtigsten Aufgaben bestanden jetzt erst einmal darin, sich selbst mit der neuen Technik vertraut zu machen und sich einen Überblick über sämtliche im Bau befindlichen Objekte zu verschaffen. Für seine Familie bedeutete das jetzt wieder, dass er in den folgenden Wochen erst immer nach Hause kam, als die Kinder schon im Bett waren. Lediglich an den Sonntagen konnten sie gemeinsam etwas unternehmen und das Familienleben zusammen genießen.

Im Zusammenhang mit der Verlagerung der Unternehmensleitung nach Breslau wäre noch erwähnenswert, dass sein Chef, also Herr Kowalski, bereits schon Monate zuvor auch seinen Wohnsitz hierher verlagert hatte. Er bewohnte jetzt, fast in der Nähe von Karl, eine alleinstehende Villa, die umgeben war von einem parkähnlichen Grundstück.

Karl und seine Familie waren in der Folgezeit sehr oft zu Gast bei ihm, denn es hatte sich inzwischen ein richtig freundschaftliches Verhältnis zwischen ihnen gebildet. Selbst die Tochter von seinem Chef, durch welche, wie wir uns erinnern, zufälligerweise Karl erst mit ihm bekannt wurde, freute sich immer über ihren Besuch, denn auch Gudrun und sie harmonierten wunderbar miteinander.

Sie war inzwischen auch verlobt mit einem jungen Mann, der in der Staatskanzlei von Breslau als Jurist arbeitete, aber trotz seiner akademischen Bildung nie abfällig auf Karl herabblickte.

In den folgenden zwei Jahren nach seinem Wiedereintritt ins Berufsleben ging es mit seiner Karriere immer weiter aufwärts. Schon nach wenigen Monaten bezog er ein eigenes Büro, im Vorzimmer kümmerte sich eine eigene Sekretärin um den allgemeinen Schriftverkehr und mehrere Angestellte arbeiteten ihm zu. Natürlich stieg in diesem Zusammenhang auch seine finanzielle Vergütung stetig an, so dass er nun an die Verwirklichung seines Traumes, nämlich den Erwerb eines eigenen Hauses, denken konnte.

Er dachte dabei nicht gerade an solch ein luxuriöses Objekt, wie das seines Chefs, aber es sollte schon ein alleinstehendes Gebäude mit einem schönen großen Garten sein. Außerdem deutete sich bei Gudrun an, dass sich die Familie demnächst wieder vergrößern würde, wobei er aber wieder hoffte, dass diesmal ein Mädchen das Licht der Welt erblickte.

Um ihren Traum einer eigenen Immobilie zu verwirklichen, mussten sie jetzt jedoch nicht monatelange Streifzüge durch die Stadt unternehmen, sondern beauftragten ein Maklerbüro mit der Suche nach einem geeigneten Objekt. Es dauerte aber trotzdem eine geraume Zeit, bis endlich etwas gefunden wurde, was ihren Ansprüchen entsprach.

Auf Grund dessen, dass sie sich ja jetzt in einer sehr komfortablen finanziellen Situation befanden, konnten sie es sich auch leisten, relativ wählerisch bei der Bewertung der angebotenen Grundstücke zu sein. Das brachte zwar das Immobilienbüro fast zur Verzweiflung, aber es wurden ja für den damit verbundenen Aufwand auch sehr gut bezahlt. Nach einigen Wochen endlich war die Suche von Erfolg gekrönt und sie konnten ein Objekt in Augenschein nehmen, das voll und ganz ihren relativ gehobenen Ansprüchen entsprach. Es befand sich nicht sehr weit entfernt von ihrer jetzigen Wohnung, ebenfalls wieder in einer sehr ruhigen Gegend in der Nähe der Universität.

Ich möchte an dieser Stelle den Leser nicht mit zu vielen Details hinsichtlich der Beschaffenheit des Objektes langweilen, aber in meinem Traum wurde ich gewissermaßen, wie in einer selbst erlebten Führung, durch Haus und Garten geführt. Ich will nun versuchen, diese Eindrücke wiederzugeben.

Das Haus selbst erreichte man über einen fast 20 Meter langen Vorgarten, der in etwa die gesamte Breite des Gebäudes einnahm. Über eine vierstufige Treppe ging es in die Hochparterreetage, in welcher sich ein geräumiger Korridor, sowie auf einer Seite eine gemütliche Wohnküche mit direkter Verbindung zu einem sehr großen Wohnzimmer befand.

Eine Tür auf der gegenüberliegenden Seite führte in ein sehr schönes Badezimmer mit integrierter separater Toilette. Weiterhin lagen auf dieser Seite noch drei, vom Korridor aus, separat betretbare Räume. Einer davon war als Handarbeitszimmer für Gudrun vorgesehen und der andere sollte als sogenannter Bibliotheksraum genutzt werden. Für den dritten Raum, der relativ klein war, hatten sie zunächst keinen bestimmten Verwendungszweck, er wurde vorerst als eine Art Abstellraum genutzt.

Vom Korridor führte eine Wendeltreppe in die oberste Etage, wo das Schlafzimmer sowie zwei weitere Räume lagen, die als Kinderzimmer Verwendung finden sollten. Da das Haus ein Spitzdach besaß, hatten die oberen Räume an den Außenwänden teilweise abgeschrägte Wände.

Wie man sieht, ist eine gewisse Ähnlichkeit mit seinem einst selbst gebauten Haus in Liegnitz festzustellen, nur dass die Räumlichkeiten jetzt wesentlich grösser waren.

Auf der Rückseite des Hauses gelangte man wieder über eine Treppe in einen fast 50 Meter langen Garten, in dem einige Obstbäume und an den Seiten ein paar Johannis- und Stachelbeersträucher standen.

Wie schon gesagt, mit Abschluss des Kaufvertrages wurden sie nun Eigentümer ihres Traumgrundstückes. Sie mussten dazu zwar noch einen erheblichen Kredit aufnehmen, da ihr angespartes Guthaben bei weitem nicht ausreichte, aber, da sie nun keine Mietausgaben mehr aufzubringen hatten, hielt sich die Belastung durch die monatlichen Kredit- und Tilgungsraten in vertretbaren Grenzen.

Als der Umzugstermin kurz bevor stand, wurde noch einmal die gesamte Nachbarschaft zu einer Abschiedsfeier eingeladen. In dieser Beziehung war es schon sehr schade, dass sie jetzt von hier wegzogen, denn es hatten sich mit der Zeit doch wirklich sehr feste freundschaftliche Beziehungen entwickelt. Diese sollten aber darunter nicht leiden, denn es wurde vereinbart, dass man auch weiterhin in engem Kontakt bleiben wollte.

Endlich war es so weit, alles war wieder umzugsgerecht verpackt und wartete auf seinen Abtransport. Diesmal hatten sie es sich einfach gemacht und eine Umzugsfirma für die damit verbundenen Arbeiten beauftragt. Für Gudrun selbst wurde es auch höchste Zeit, dass der Einzug in ihr neues Heim vollzogen wurde, denn bezüglich der nun fast kugelförmigen Form ihres Leibes, stand ihre nunmehr dritte Niederkunft kurz bevor.

Wie es der Zufall so wollte, trat das Ereignis gerade an einem Wochenende ein, als Waltraud mit ihrer Familie, sie hatte übrigens inzwischen auch schon einen kleinen Sohn von etwa vier Jahren, übers Wochenende zu Besuch war. Für Karl war das ein regelrechter Glücksfall, denn er brauchte sich in dieser Nacht, als die Wehen einsetzten, außer nach der Hebamme zu schicken, um nichts kümmern.

Seine Schwester übernahm alle, sonst ihm bei solchen Ereignissen zugedachten Verrichtungen, so dass er, zusammen mit Wilhelm in der Küche sitzend, nur noch das Ergebnis abzuwarten brauchte. Dieses ließ dann auch nicht allzu lange auf sich warten, denn nachdem die für ihn nun schon bekannten, letzten Schreie verklungen waren, wurde ihm von Gudrun sein neuester Nachwuchs in die Arme gelegt.

Diesmal ging sogar sein sehnlichster Traum in Erfüllung, denn es war, wie ihm erläutert wurde, ein Mädchen. Es war gesund und munter und sie sollte, wie man sich schon vorher einig war, auf den Namen „Gertrud" hören.

Nun hatten seine beiden Söhne, die ja inzwischen auch schon sechs und vier Jahre alt waren, endlich das von ihm ersehnte Schwesterchen, über das sie, wie von Karl gedacht, ihren schützenden Arm legen konnten.

Für Karl selbst begann jetzt wieder eine Zeit, wo die Nächte nicht gerade ruhig abliefen. Im ersten Lebensjahr der Kleinen, wo sie die Nächte ja im Kinderbett unmittelbar neben dem Bett von Gudrun verbrachte, verzog er sich deshalb in das, Gott sei Dank, noch ungenutzte zweite Kinderzimmer.

Für Gudrun aber stieg die Belastung nun dermaßen, dass sie sich am liebsten sechs Arme gewünscht hätte. Max und Paul benötigten, was ihre Erziehung betraf, immer noch einen sehr großen Teil der ihr zur Verfügung stehenden Zeit. Dazu gesellten sich noch all die vielen Tätigkeiten einer Hausfrau, um für die gesamte Familie zu sorgen, das Haus in Ordnung zu halten, Einkäufe zu tätigen und vieles andere mehr. Man kann sich vorstellen, dass sie, wenn Karl abends nach Hause kam, körperlich und seelisch ausgelaugter war, als Karl selbst.

Manch anderem Vater wären solche Merkmale bei ihren Frauen nie und nimmer aufgefallen. Normalerweise war es nämlich in der damaligen Zeit gang und gäbe, dass die Männer, wenn sie nach ihrem angeblich anstrengenden Arbeitstag nach Hause kamen, einfach die Beine hochlegten und sich von vorne bis hinten bedienen ließen.

Karl jedenfalls, dem schon auffiel, dass Gudrun am Abend ziemlich abgekämpft war, überraschte sie eines Tages mit der Mitteilung, dass er der Meinung sei, ein Dienstmädchen zu ihrer Unterstützung einzustellen. Aus diesem Grund wollte er den bisher als Abstellkammer genutzten Raum ausräumen und zu einem kleinen gemütlichen Wohnraum für die in ihren Haushalt aufzunehmende Person umfunktionieren. Gudrun wollte davon erst einmal nichts wissen, da es ihr peinlich war, jemandem irgendwelche Weisungen erteilen zu müssen. Zu guter Letzt willigte sie jedoch ein und, wie sie nach einigen Wochen zugeben musste, war es doch eine richtige Entscheidung gewesen.

Aber, als es daran ging, eine geeignete Kraft zu finden, stellten sie schon fest, dass dies gar nicht so einfach zu bewerkstelligen war. Damit sich Karl bei der Auswahl der sich meldenden jungen Frauen auch ein Urteil über diese bilden konnte, bestellten sie diese immer in die späten Abendstunden. Es war schon teilweise richtig lustig, was sie dabei alles erlebten.

Da gab es welche, die gleich zu Beginn ihren Unmut zum Ausdruck brachten, als sie erfuhren, dass sie auch auf die Kinder aufzupassen hätten. Andere wiederum waren regelrecht erschrocken, als man ihnen mitteilte, dass ihre Dienstzeit bereits früh um sechs Uhr beginnen und erst abends zwanzig Uhr enden sollte. Aber letztendlich, nach vielen erfolglosen Versuchen, wurden sie für ihre Bemühungen belohnt und es meldete sich eine junge Frau, die bereits mehrere Jahre in einer sehr vermögenden Familie als Dienstmädchen angestellt war. Da diese Familie aber einen Wohnortwechsel in eine andere Stadt plante, war sie selbst nunmehr gezwungen, sich eine neue Anstellung zu suchen.

Ihre bisherige, untadelige Tätigkeit konnte sie in einem sogenannten Dienstbüchlein nachweisen. In diesem erfolgte der Eintrag der Zeitdauer der Beschäftigung, eine Tätigkeitsauflistung sowie die Beurteilung der betreffenden Person. Nach Rücksprache mit dieser Familie wurde ihnen nochmals bestätigt, dass sie sehr zufrieden mit ihr waren und es wirklich bedauerten, sie nicht davon überzeugen zu können, mit ihnen in eine andere Stadt zu ziehen.

Kurz und gut, nachdem nun alle eventuellen Unwägbarkeiten abgeklärt waren, trat die junge Dame ihren Dienst an. Sie war knapp 20 Jahre alt, hörte auf den Namen Antonia und stammte aus einer ärmlichen, sehr kinderreichen Familie. Da das Geld, was ihr Vater verdiente, nicht ausreichte, um den Hunger aller Kinder stillen zu können, war sie schon sehr zeitig gezwungen, sich auf eigene Füße zu stellen.

Schon in den ersten Tagen zeigte sich, dass Sie mit ihr einen wahren Glückstreffer gelandet hatten. Die beiden Jungs, also Max und Paul, hatten sie regelrecht in ihr Herz geschlossen. Je nachdem, wie es die Arbeiten im Haushalt ermöglichten, widmete sie sich den beiden und verbrachte fast jede freie Minute mit ihnen. Bei Max, der nun schon die erste Klasse der Elementarschule besuchte, achtete sie sogar gewissenhaft darauf, dass er die Hausaufgaben korrekt erledigte und alle seine Schulsachen immer ordentlich aussahen.

In diesem Zusammenhang soll erwähnt werden, dass Karl für seine Kinder auch einen Privatlehrer hätte bezahlen können. Aber dann würden sie regelrecht abgeschieden von ihrer Umwelt aufwachsen und hätten nie die Möglichkeit, Kinder kennenzulernen, die nicht so unbeschwert aufwuchsen, wie sie selbst. Hinzu kam noch, dass man in solch einem Klassenverband, damals befanden sich in einer Klasse ca. 50 Schüler und Schülerinnen, immer gezwungen war, sich durchzusetzen, um nicht als Außenseiter zu gelten.

Schon nach einigen Wochen entstanden so zwischen Gudrun und ihr richtige freundschaftliche Bande und sie wurde wie ein vollwertiges Mitglied der Familie betrachtet. Man kann schon sagen, dass sie eine wirkliche Bereicherung für das Familienleben darstellte. Andererseits war aber schon abzusehen, dass dies nicht bis in alle Ewigkeit so bleiben würde.

Sie hatte zwischenzeitlich die Bekanntschaft mit einem netten, jungen Mann gemacht, den sie schon einige Male bei familiären Anlässen mit einladen durfte. Nebenbei gesagt, musste dieser sich ziemlich am Anfang ihrer Beziehung durch Karl einer tiefgründigen Prüfung unterziehen. Er wollte damit sicherstellen, dass Antonia nicht nur als kurzzeitige Liebeständelei benutzt und anschließend vaterlos mit einem unehelichen Kind zurückgelassen wurde. Denn in der damaligen Zeit gab es für eine Frau nichts Schlimmeres, als ohne Ehemann mit einem solchen Kind das Leben zu fristen. Diese Frauen bekamen nirgends mehr eine Anstellung und landeten meistens regelrecht in der Gosse.

Aber in diesem Fall war nichts in dieser Richtung zu befürchten und sie kam wirklich in gute Hände.

Eines Abends nun machte sie ihnen dann die Mitteilung, dass sie von ihrem Freund ein Kind erwartete und demnächst zu ihm ziehen wollte. Für Gudrun und Karl war das keine große Überraschung, denn ihnen waren die mit einer Schwangerschaft verbundenen Veränderungen schon lange aufgefallen.

Sie hatten also schon längst mit solch einer Entwicklung gerechnet. Außerdem waren die Kinder inzwischen in einem Alter, wo sie schon ziemlich selbständig waren und man nicht mehr ständig auf sie aufpassen musste. Lediglich die kleine Gertrud, die mittlerweile aber auch schon vier Jahre alt war, wuselte noch um Gudrun herum, aber das war jetzt eher für sie als reizvolle Abwechslung, denn als Belastung anzusehen.

In meinem wundersamen Traum erlebte ich jetzt eine Folge von Jahren, in denen das Leben meiner Großeltern ohne nennenswerte negative Tiefschläge verlief. Ich sah nur eine Abfolge von Bildern, die von einem glücklichen und zufriedenen Familienleben zeugten, so dass mein Schlaf durch nichts gestört wurde. In dieser Traumphase durfte ich sogar die Geburt der zweiten Tochter von Gudrun miterleben, die ohne jegliche Komplikationen erfolgte, so dass meine nächtliche Ruhe dadurch nicht gestört wurde. Sie nannten sie „Else" und beide waren überglücklich, denn sie hatten sich schon immer mindestens vier Kinder gewünscht.

Am allermeisten freute sich Karl, denn er wollte schon immer zur Vervollständigung der Familie ein zweites Töchterchen.

Mit dieser Tochter jedoch hatte es, was mich selbst betrifft, eine besondere Bewandtnis, aber darauf komme ich zu gegebenem Anlass zurück.

Nun aber weiter mit meinem bisher ungestörten Schlaf. Denn leider hielt dieser friedliche Zustand nicht bis zum Ende der Nacht an. Seltsamerweise zogen in meinem Unterbewusstsein Bilder an mir vorbei, wo Karl, als Soldat eingekleidet, gerade im Begriff war, auf dem Bahnhof mit vielen anderen Leidensgenossen, einen Truppentransportwaggon zu besteigen. Auf dem Bahnsteig sah ich, neben vielen anderen Frauen, auch Gudrun mit den Kindern stehen, denen allen die Tränen über die Wangen liefen. Da dieses Geschehen wahrlich nicht lautlos verlief, wurde ich nun wiederum durch die herzergreifenden Schreie der zurückbleibenden Familienangehörigen aus meinem Schlaf gerissen.

Als ich mich dann am späten Abend wieder zu Bett begab und langsam in den Schlaf versank, erschien mir Karl vor meinem geistigen Auge, wie er sich mit vielen anderen Soldaten aus dem Fenster eines gerade abfahrenden Zuges beugte und sich, kräftig mit den Armen winkend, von Gudrun und den Kindern verabschiedete.

Durch die fast lückenlose Fortsetzung des Geschehens, durch welches am Ende der letzten Nacht mein Schlaf so abrupt beendet wurde, erschlossen sich mir nun auch die gedanklichen Lücken, die ich nach dem Erwachen am letzten Morgen noch hatte.

Das glückliche und erfüllte Leben von Karl und seiner Familie wurde nämlich kurz nach der Geburt seiner zweiten Tochter wieder jäh durch ein Ereignis unterbrochen, was durch ihn selbst nicht beeinflussbar war.

Wie man aus den vorgenannten Schilderungen schon entnehmen konnte, hatte dieses Vorkommnis zwar auch wieder einen militärischen Hintergrund, aber dieses Mal war die Angelegenheit wesentlich ernster anzusehen, als seine vor einigen Jahren erfolgte Einberufung zur Ableistung des zweijährigen Pflichtwehrdienstes.

Wir befinden uns mit Karl nämlich mitten in dem Zeitabschnitt, wo sich das Deutsche Reich bereits im dritten Jahr des ersten Weltkrieges befand. Das Volk erlebte die ersten zwei Jahre in einer fast euphorischen Hochstimmung, denn die Armee eilte fast ununterbrochen von Sieg zu Sieg. Vor Eintritt in den Krieg hatte man dem einfachen Bürger eingetrichtert, dass es sich um einen Verteidigungskrieg handelte, der nicht allzu lange dauern würde.

In den ersten zwei Kriegsjahren hatte Karl, der ja nun mittlerweile auch schon auf das 40. Lebensjahr zuging, nur indirekt mit dem Kriegsgeschehen zu tun. Sein Chef hatte mit Kriegsbeginn die Produktpalette der Firma komplett auf Artikel umstellen müssen, die an der Front für die sogenannte Verteidigung der Heimat benötigt wurden. Damit änderte sich zuerst, sowohl in beruflicher als auch privater Hinsicht, für Karl fast nichts.

Mit Beginn des dritten Kriegsjahres jedoch, als sich die anfänglichen Erfolge des Kaiserlichen Deutschen Heeres ins Gegenteil umkehrten, wurden auch die sogenannten Reservisten, die noch nicht zu alt waren, zum Kriegsdienst hinzugezogen, um die Verluste der fürs Vaterland Gefallenen auszugleichen. Somit geriet auch Karl ins Visier der zuständigen Wehrdienststelle. Er erhielt einen Einberufungsbefehl, wonach er sich Anfang September des Jahres 1916 mit gepacktem Tornister, den er ja noch von seiner Pflichtwehrzeit besaß, auf dem Bahnhofsvorgelände einzufinden hatte. Dort erfuhren sie, dass es in Richtung Westfront, in die Nähe von Verdun, gehen sollte.

Für den Leser, der mit der Stadt Verdun im Zusammenhang mit dem ersten Weltkrieg nichts anfangen kann, soll erläutert werden, dass dort ein Stellungskrieg stattfand, der auf beiden Seiten hunderttausende Tote forderte.

In Verdun angekommen, wurden sie sofort an die Front transportiert und erlebten das Grauen des Kriegsgeschehens nun unmittelbar am eigenen Körper.

Karl selbst wurde einer Einheit zugeteilt, die mittels Pferdefuhrwerken die vorderste Frontlinie mit Munition jeglicher Art versorgen musste, sowie auf der Rückfahrt die verletzten Soldaten in das jeweilige Lazarett zu transportieren hatte. Die gesamte Frontlinie war auf beiden Seiten von Schützengräben durchfurcht und Tag und Nacht hörte man die Detonationsgeräusche der Graneneinschläge sowie die Schreie der teilweise bis zur Unkenntlichkeit durch Granatsplitter verletzten Soldaten. Es kann sich jeder vorstellen, dass bei diesen in meinem Traum vorbeiziehenden Bildern an keinen ruhigen Schlaf zu denken war.

Er jedenfalls musste diese Hölle des Stellungskrieges ca. ein halbes Jahr miterleben und es grenzte schon fast an ein Wunder, dass er diese Zeit ohne größere Verwundungen überleben konnte.

Im Frühjahr 1917 nunmehr wurde das Deutsche Heer durch die Übermacht weiterer inzwischen mit Frankreich verbündeter Truppen zum Rückzug gezwungen. Hierbei geriet die Einheit von Karl dermaßen unter gegnerischem Beschuss, dass die Rückwärtsbewegung regelrecht einer fast panischen Flucht glich. Diesmal war das Glück nicht wie bisher auf der Seite von Karl, denn in dieser Phase wurde sein Fuhrwerk direkt von einer Granate getroffen. Dabei wurde er in hohem Bogen durch die Luft geschleudert, blieb leblos liegen, und damit war es nunmehr wieder mit meinem Schlaf vorbei und ich wachte schweißüberströmt auf.

Mich durchflutete regelrecht eine Glückswelle, als ich nach dem Erwachen mitbekam, dass ich das alles nur geträumt hatte. Aber es war trotzdem schon fast unglaublich, wie intensiv ich dies alles im Traum miterlebte, obwohl, und ich muss das immer wieder betonen, mir von keinem meiner, zu meiner Kindheit lebenden, Vorfahren jemals davon etwas erzählt wurde.

Mittlerweile war es mir schon zur Gewohnheit geworden, dass ich immer, nachdem ich am Abend zu Bett ging, regelrecht beim Einschlafen darauf wartete, wie der am Morgen unterbrochene Traum weiterging.

Dieser begann dann mit dem Bild eines großen Lagergeländes, das von Stacheldrahtzäunen umgeben war und von französischen

Soldaten bewacht wurde. In dem Lager stand eine Vielzahl von Baracken und in einer dieser Baracken lag Karl auf einem Feldbett.

Es hatte sich nämlich so ergeben, dass Karl, nach dem die Granate in sein Fuhrwerk eingeschlagen war, zwar eine ganze Weile bewusstlos liegenblieb, aber nicht lebensgefährlich verletzt wurde. Sein Gefährte dagegen, der mit auf dem Kutschbock saß, wurde von einem Splitter der Granate tödlich getroffen. Als die französischen Soldaten am selben Tag noch einmal das Gefechtsfeld nach eventuell Verwundeten abgesucht hatten, entdeckten sie auch den leblosen Körper von Karl.

Nachdem sie feststellten, dass er noch lebte, luden sie ihn auf eine Bahre und transportierten ihn ins Lazarett. So kam es, dass er, nachdem er medizinisch versorgt wurde, in einem Gefangenenlager landete und dort seine Verletzungen auskurieren konnte. In diesem Lager wurde er bis zum Kriegsende im November 1918 festgehalten und erst danach nach Hause entlassen.

Wie man sich vorstellen kann, herrschte seit seiner Einberufung zum aktiven Wehrdienst ein überaus reger Briefverkehr zwischen Gudrun und Karl. In den ersten Briefen von ihr berichtete sie, dass er sich keine Sorgen machen müsste. Ihr Leben verlief zwar nicht mehr so unbeschwert wie früher, da sie sich finanziell doch schon ziemlich einschränken musste, aber im Großen und Ganzen würde sie schon mit allem klarkommen. Auch bei Wilhelm, der wie durch ein Wunder um die Einberufung zum Kriegsdienst herumkam, gab es nichts Beunruhigendes zu berichten. Er hatte inzwischen sein Häuschen abbezahlt, war kurz nach Karls Einberufung Vater eines gesunden Jungens geworden und auch arbeitsmäßig gab es keinen Grund zur Sorge.

Gegen Mitte des Jahres 1918 erhielt Karl einen Brief von Gudrun, der ihm in der Folge solche Sorgen bereitete, dass er fast eine Flucht aus dem verhassten Lager in Erwägung zog, um nicht tatenlos den, von ihr geschilderten Geschehnissen zusehen zu müssen.

Um den mir im Unterbewusstsein erschienenen Brief richtig deuten zu können, bedarf es aber einiger Erläuterungen.

Während des ersten Weltkrieges lag Breslau außerhalb des Frontgeschehens, es wurde also nichts zerstört. Der Krieg führte jedoch zur totalen Verarmung der Bevölkerung, wovon selbst der gehobene Mittelstand nicht ausgenommen war. So ging diese unheilvolle Entwicklung auch nicht spurlos an der Familie von Karl vorüber.

Da ja keiner damit gerechnet hatte, dass dieser Krieg sich so endlos in die Länge ziehen würde, neigten sich die finanziellen Rücklagen von Karl bedrohlich dem Ende zu.

Hinzu trat noch der bedauerliche Umstand ein, dass Karls Chef, also Herr Kowalski, im zweiten Jahr seiner Abwesenheit unverhofft verstarb. Seine Tochter wiederum, die inzwischen mit dem schon früher erwähnten Jurist der Staatskanzlei verheiratet war, hatte das komplette Unternehmen, einschließlich der Nebenstelle in Liegnitz, verkauft.

Wilhelm hatte nun in diesem Zusammenhang noch großes Glück, denn er wurde von dem neuen Inhaber des Unternehmens übernommen, aber mit wesentlich geringeren Bezügen.

Da Karl sich zum Zeitpunkt des Besitzerwechsels des Bauunternehmens, wo er ja vor seiner Einberufung zum aktiven Wehrdienst eine sehr gut dotierte Stellung ausübte, noch in der Gefangenschaft befand, hing seine weitere berufliche Zukunft völlig in der Luft. Dem neuen Besitzer des Bauunternehmens waren die herausragenden Fähigkeiten von Karl aus seiner Zeit als Leiter der Zweigstelle in Breslau durchaus bekannt. Er war nämlich mit seinem ehemaligen Chef befreundet und sie tauschten sich oft über anstehende Probleme aus. Aber es war nun einmal so, dass man nicht wusste wann bzw. ob er überhaupt jemals zurückkommen würde.

Ohne dass Karl es ahnte, ergab sich für seine Zukunft dennoch ein positiver Lichtblick. Er hing damit zusammen, dass durch die vielen Kriegstoten ein erheblicher Mangel an geeigneten Arbeitskräften herrschte. Man konnte also längst nicht alle erforderlichen Stellen mit qualifizierten Kräften besetzen und behalf sich mit vielen Notlösungen. Aber wie gesagt, von diesen Umständen hatte Karl ja keine Kenntnis und demzufolge kann man sich vorstellen, was in Karl beim Lesen dieser Zeilen von Gudrun vorging, noch dazu, wo er durch seinen Zwangsaufenthalt in dem Gefangenenlager nichts unternehmen konnte, um seine Familie aus dieser Notlage zu befreien.

Was diese, in meinem Schlafzustand an mir vorüberziehenden Bilder bei mir bewirkten, brauch ich wohl nicht näher zu beschreiben. Von einem ruhigen Schlaf konnte bei diesen niederdrückenden Ereignissen keine Rede mehr sein. Letztendlich stand ich wesentlich früher als sonst auf und grübelte den ganzen Tag, wie sich wohl alles weiterentwickeln würde.

In der folgenden Nacht begann mein Traum aber glücklicherweise nicht nochmals mit den Bildern dieses unheilvollen Zwangsaufenthaltes im Gefangenenlager.

Im Gegenteil, ich sah Karl im Kreis seiner Familie, wie sich alle tränenüberströmt umarmten, denn seine Zeit im Gefangenenlager war endlich abgelaufen und er war gerade wieder zu Hause angekommen. Er hatte seine Familie mehr als zwei Jahre nicht mehr gesehen und war, wie man sich vorstellen kann, sehr erstaunt, wie groß seine Kinder inzwischen geworden waren. Seine beiden Söhne, Max und Paul, sie waren inzwischen schon 12 bzw. 10 Jahre alt, hatten sich prächtig entwickelt, und man sah an der Art, wie sie sich bewegten und redeten, dass sie hundertprozentig nach ihrem Vater geraten waren.

Die kleine Gertrud dagegen, sie war ja nun auch schon im siebenten Lebensjahr, hatte die Gesichtszüge ihrer Mutter geerbt, und wie er später feststellte, kam sie auch von ihrem Wesen her ganz nach ihrer Mutter. Und Else schließlich, die er ja selbst nur als ganz kleines Baby in Erinnerung hatte, sah ihn mit großen Augen an, da sie sich gar nicht mehr an ihn erinnern konnte. Aber wenigstens fing sie bei dem für sie unbekannten Gesicht nicht gleich an zu schreien, wie es damals bei Max passierte, als er von seiner zweijährigen Wehrpflichtzeit zurückkehrte.

Was sich an diesem Abend, als die Kinder alle schon im Bett lagen, zwischen den beiden Ehepartnern abspielte, bedarf wohl keiner weiteren Erläuterung. Man konnte nur hoffen, dass durch diese, lange vermissten direkten Liebesbezeugungen, die nun, wie man sich denken kann, ziemlich ungestüm von statten gingen, nicht wieder der Grundstein für weiteren Nachwuchs gelegt wurde. Denn das wäre wahrlich kein günstiger Moment hinsichtlich der zu erwartenden entbehrungsreichen Nachkriegsjahre.

Am nächsten Morgen, als die größeren Kinder schon das Haus verlassen hatten, da sie zur Schule mussten, schilderte Gudrun ihm nochmals ausführlich die Lage, in der sie sich befanden. Es war für sie eine richtige Erlösung, endlich ihre Sorgen mit ihm teilen zu können.

Die Situation konnte man wahrlich nicht als zufriedenstellend bezeichnen. Im Gegenteil, finanziell standen sie fast vor einem Abgrund, der sie zu verschlingen drohte. Seine Rücklagen bei der Bank entwickelten sich langsam aber sicher gegen Null, da ja seit gefühlten Ewigkeiten keine Einkünfte mehr eingingen, sondern nur noch Entnahmen zu verzeichnen waren. Außer, dass trotz größter Sparsamkeit laufend beträchtliche Mittel für die Lebenshaltung der nicht gerade kleinen Familie benötigt wurden, mussten auch noch die Zins- und Tilgungsraten für das Grundstück aufgebracht werden. Normalerweise wäre das kein Problem gewesen, aber es konnte ja keiner ahnen, dass durch die Ereignisse des Krieges alles aus den Fugen geraten würde.

Nachdem Karl nun über den ziemlich bedrohlichen Stand der Dinge in Kenntnis gesetzt wurde, steckte er, wie wir ihn kennen, nicht entmutigt den Kopf in den Sand. Er war fest überzeugt, dass er einen Weg aus dieser Misere finden würde, und schritt auch gleich zur Tat.

Zuerst brachte er sein Äußeres, er war noch immer gekennzeichnet von den Spuren der Gefangenschaft und sah demzufolge ziemlich heruntergekommen aus, durch eine gründliche Reinigungsaktion im Badezimmer wieder in einen zivilisierten Stand. Dann schmiss er sich regelrecht in Schale und begab sich zu dem neuen Besitzer des Bauunternehmens, wo er ehemals angestellt war. Als er, dort angekommen, im Vorzimmer die Sekretärin bitten wollte, ob er einen Gesprächstermin bei dem Chef selbst oder zumindest bei seinem Vertreter erhalten könnte, erlebte er seine erste positive Überraschung.

Es war nämlich seine ehemals eigene Sekretärin, die dort jetzt als Vorzimmerdame des neuen Besitzers fungierte. Mit ihr hatte er schon früher ein sehr gutes Verhältnis, natürlich nur auf Dienstebene, und so erfuhr er von ihr im Vorfeld schon vieles, was den neuen Chef selbst und die Firma im Allgemeinen betraf. Den neuen Besitzer beschrieb sie als ruhigen, verträglichen Menschen, mit dem man immer gut auskommen konnte, der aber doch schon manchmal sehr ungehalten sein konnte, wenn etwas nicht so lief, wie er sich das vorstellte. Von ihr erfuhr er auch, dass dieser sowohl für die Unternehmensleitung als auch hinsichtlich einfacher, sowie qualifizierter Arbeitskräfte, dringend Leute suchte, was durch die Lücken, die der Krieg hinterlassen hatte, im Moment fast aussichtslos war. Man kann sich vorstellen, dass diese Mitteilungen wie Balsam auf das Gemüt von Karl wirkten, denn er konnte sich nicht denken, dass seiner Bitte um Wiedereintritt in die Firma bei der gegenwärtigen Lage nicht entsprochen würde.

Da aber an diesem Tag kein freier Termin mehr zur Verfügung stand, versprach sie ihm, den Chef zu informieren und Karl über den vereinbarten Zeitpunkt in Kenntnis zu setzen.

Er musste dann noch zwei bange Tage verbringen, dann wurde er von einem Büroangestellten informiert, dass der neue Besitzer ihn zu sprechen wünsche.

Als es dann endlich so weit war und er ihm gegenübersaß, erlebte er die zweite positive Überraschung. Herr Fitzek, so hieß sein eventuell neuer Chef, teilte ihm nämlich mit, dass er ihm durchaus nicht unbekannt war, da er mit dem leider so plötzlich verstorbenen Herrn Kowalski, also dem Vorbesitzer, befreundet war. Er wusste ziemlich detailliert über seinen damaligen Wirkungskreis Bescheid, so dass sich Karl gar nicht groß bemühen musste, ihm seine ehemaligen Aufgaben als Leiter der Zweigstelle zu erläutern.

So kam es letztendlich zu dem von ihm erhofften Angebot, wieder die Leitung der Zweigstelle zu übernehmen. Aber nicht zu den gehaltsmäßigen Konditionen wie einst, denn das gaben die in der Nachkriegszeit herrschenden Umstände nicht her.

Aber damit hatte er auch nicht gerechnet. Zumindest verdiente er jetzt so viel, dass die noch offenen Raten für das Grundstück bedient werden konnten und danach noch etwas übrigblieb, um halbwegs vernünftig leben zu können. Das Wichtigste für ihn selbst war aber, dass er wieder eine Aufgabe hatte und nicht untätig, ohne jegliche berufliche Perspektive, zu Hause herumsitzen musste.

Gleich am ersten Arbeitstag verschaffte er sich einen Überblick über alle existierenden Baustellen und erhielt dabei gleichzeitig einen tiefgründigen Einblick in sämtliche damit verbundene Probleme.

Bei den Baustellen handelte es sich hierbei aber nicht, wie ehemals, schwerpunktmäßig um den Bau größerer mehrstöckiger Wohnhäuser, sondern mehr oder weniger um Reparaturarbeiten an der bestehenden Bausubstanz. Durch die Kriegsjahre war der Nachholbedarf dermaßen angewachsen, dass man die Hauseigentümer, die es betraf, mit extrem langen Wartezeiten vertrösten musste. Das Hauptproblem dabei war, dass es an Allem mangelte, was man sich nur vorstellen konnte.

Aber, wie man es ja von Karl gewohnt war, lies er sich durch nichts entmutigen und war jetzt bei der Lösung der Probleme wieder richtig in seinem Element. Durch sein Organisationstalent gab es bereits nach kurzer Zeit fast keine Engpässe mehr, so dass das Unternehmen bereits nach wenigen Monaten wieder in der Lage war, größere Objekte in Angriff zu nehmen. Und ich muss es in diesem Zusammenhang nochmals betonen; all das geschah in einer Zeit, wo die gesamte Wirtschaft nach dem verlorenen Krieg total am Boden lag und eine Mangelwirtschaft auf allen Gebieten herrschte.

Manch einem mag es bei diesen Schilderungen fast vorkommen, als ob Karl meistens regelrecht vom Glück verfolgt würde. Aber, ich kann nichts dafür, ich gebe hier alles wirklich nur so wieder, wie es sich in meinem Unterbewusstsein im Tiefschlaf darstellte.

Jedoch, um es gleich vorweg zu nehmen, auch diesmal währte die Glückssträhne für Karl und seine Familie nicht ewig, denn bereits nach kurzer Zeit musste er mehr denn je, um das Wohlergehen seiner Familie kämpfen. Die Ursachen dafür waren in der schon eingangs des Kriegsbeginnes beginnenden Inflation zu suchen. Ich möchte an dieser Stelle versuchen, dem mit dieser Materie nicht vertrauten Leser, die damit verbundenen Zusammenhänge grob zu erläutern.

Bereits ausgangs des Krieges, den Deutschland ja bekanntlich verlor und der zu Beginn 1914 schon durch immens hohe Anleihen finanziert werden musste, also indem sich das Deutsche Reich sehr hoch verschuldete, setzte eine gewaltige Geldentwertung ein. Ich will jetzt nicht auf die näheren Umstände eingehen, denn damit würde ich den Leser sicherlich langweilen.

Ich bitte deshalb, diese Tatsache als gegeben hinzunehmen. Durch diese Geldentwertung verteuerte sich alles, was man zum Leben benötigte, in einem unvorstellbaren Ausmaß. Vor dem Kriegsbeginn war das in Deutschland gültige Zahlungsmittel die Goldmark. Diese wurde nach dem verlorenen ersten Weltkrieg, nach dem Deutschland riesige Reparationsleistungen an die Siegermächte zu zahlen hatte, durch fast wertloses Papiergeld ersetzt, nämlich durch die sogenannte Papiermark.

Um es dem Leser noch einmal bildlich darzustellen, was es mit der nach Kriegende eingeführten Papiermark auf sich hatte, so muss er sich vorstellen, dass das Geld für die Lohnauszahlungen der Arbeiter und Angestellten in dieser Zeit regelrecht mit dem LKW angeliefert wurde. Z.B. kostete in der Zeit der sogenannten Hyperinflation im Jahr 1923 ein Laib Brot Anfang Oktober noch 14 Millionen Mark.

Vier Wochen später musste man schon für einen Laib Brot 5,6 Milliarden Mark auf den Tisch legen. Man benötigte in diesen Zeiten für den Einkauf also kein Portemonnaie mehr, sondern Reisetaschen, Wäschekörbe oder sogar Schubkarren. Es war im Prinzip sogar so, dass, während man vor einem Lebensmittelladen anstand, sich der Wert des Geldes sogar stündlich verringerte. Wegen dieser galoppierenden Geldentwertung unterbrachen die Betriebe sogar nach einer Lohnauszahlung kurz die Produktion, damit die Menschen sofort etwas einkaufen konnten, bevor das Geld innerhalb der nächsten Stunden weiter an Wert verlor.

1923 endlich war ein Ende dieser unseligen Zeit in Sicht, denn das Inflationsgeld wurde mit der Einführung der sogenannten Rentenmark abgeschafft. Gegen Ende der Inflation bekam man für eine Billion Papiermark eine Rentenmark ausbezahlt.

Diese wurde dann 1924 durch die Reichsmark ersetzt und ab diesem Zeitpunkt ging es, wenn auch sehr langsam, aber stetig mit der Wirtschaft wieder aufwärts. Es dauerte dann aber trotzdem noch bis 1929, ehe sich die Preise soweit stabilisiert hatten, dass zumindest das Vorkriegsniveau wieder erreicht wurde.

Ich hoffe, dass der mit dieser Materie nicht vertraute Leser jetzt einen hinreichenden Eindruck von den damals herrschenden Zuständen erhalten hat.

Karl und seine Familie bekamen in dieser Zeit auf Grund seiner nun wieder in dem Unternehmen erreichten, leitenden Funktion keinen Sonderbonus. Sie mussten, wie alle anderen, den größten Teil des Tages damit verbringen, die notwendigsten Lebensmittel zu beschaffen, damit alle halbwegs genug zu essen hatten. Die Hauptlast hatte in diesem Fall Gudrun zu tragen, denn Karl war ja von früh bis spät abends in die Unternehmensgeschäfte eingebunden. Aber letztendlich überstanden sie auch diese wirklich schwierigen Jahre, ohne, wie viele andere, ernsthaft in einen Strudel der Existenzbedrohung zu geraten.

Im Gegenteil, obwohl sie in dieser Zeit abends immer total erschöpft ins Bett sanken, blieb trotzdem noch die Zeit zum Austausch von Zärtlichkeiten jeglicher Art. Das führte dann auch dazu, dass gegen Ende der Inflationszeit noch ein weiteres Kind, ein Mädchen namens Emma, das Licht der Welt erblickte.

Nun war im Prinzip das Ziel der ehemals gewünschten Anzahl der Kinder, die das Haus bevölkern sollten, erreicht, denn die dafür vorgesehenen Zimmer im Dachgeschoss waren, zumindest bei den Mädchen, langsam überbelegt.

Gudrun hatte nun auch wieder alle Hände voll zu tun, aber diesmal hielt sich die Belastung in verträglichen Grenzen. Die beiden Erstgeborenen, also Max und Paul wuselten tagsüber nun nicht mehr in der Wohnung umher, sondern befanden sich schon in einer Handwerkerschule in der Berufsausbildung zum Schlosser. Max hatte diese Ausbildung sogar schon fast abgeschlossen und Paul gerade erst damit begonnen.

Karl hatte mit seinem Chef vereinbart, dass die beiden nach ihrer Ausbildung in der Firma angestellt werden sollten. Die älteste Tochter der beiden, Gertrud, war nun auch schon in einem Alter, wo sie nicht mehr direkt beaufsichtigt werden musste.

So blieb lediglich Else übrig, die gerade erst in die Schule gekommen war und noch ihre volle Aufmerksamkeit erforderte. Sie war ein relativ aufgewecktes Kind, die, im Unterschied zu ihren größeren Brüdern, sehr gerne in die Schule ging. Bei ihr konnte sich Gudrun darauf verlassen, dass sich ihre Schulbücher immer in einem akkuraten Zustand befanden und die Hausaufgaben gewissenhaft erledigt wurden.

Hier möchte ich, was mich selbst betrifft, eine vorweggenommene Anmerkung machen, was mir, gelinde gesagt, aber nicht gerade zum Guten gereicht. Wie der Leser später erfahren wird, handelt es sich nämlich bei Else um diejenige Frau, durch die ich das Licht der Welt erblickte. Nun müsste man doch annehmen, dass ich, vom Charakter her, ähnliche innere Werte aufzuweisen hätte, wie meine Mutter, also Else. Irgendwie muss aber bei meinem Geburtsvorgang etwas gewaltig schiefgegangen sein, denn ich glänzte in meiner Schulzeit nie mit hervorstechenden Leistungen. Im Gegenteil, bei mir sahen sich meine Lehrer immer veranlasst, mich auf den Zeugnissen als fortwährenden Störfaktor des Unterrichts darzustellen.

Meine negative Einstellung zur Schule änderte sich im Prinzip erst, als ich später schon verheiratet und Vater von zwei Kindern war.

So, nun möchte ich aber wieder die kurze Abschweifung in die reale Welt verlassen und mich wieder den in meinen Träumen zu Tage getretenen Erscheinungen zuwenden.

Hier wurde ich zuerst durch keine nervenaufreibenden Ereignisse in meinem Schlaf gestört.

Aber kurz nach dem Einschlafen erschienen mir Bilder von Else, wie sie noch während ihrer Schulzeit allein in ihrem Zimmer saß und in ein Buch vertieft war, das sie beim Stöbern in der Bibliothek ihrer Eltern entdeckt hatte. Hierbei handelte es sich aber um kein normales Buch, sondern ihr war zufälligerweise ein Tagebuch von ihrer Mutter in die Hände gefallen.

Dort hatte Gudrun seit Beginn ihrer Schulzeit über jeden Tag akribisch Buch geführt und alles, was ihrer Meinung nach nennenswert war, aufgeschrieben. Da Else immer nur heimlich, wenn sie unbeobachtet war, in dem Tagebuch schmökern konnte, dauerte es einige Tage, bis sie es ausgelesen hatte. Zum Schluss war sie dadurch genauestens über jede Station des Lebens ihrer Eltern informiert. Es blieben für sie dabei zwar noch sehr viele Fragen offen, aber sie dachte sich, dass sie schon irgendwann später ihren Wissensdurst bei ihren Eltern stillen könnte.

In dieser Nacht wurde seltsamerweise in meinem Traum eine größere Zeitspanne übersprungen, denn plötzlich sah ich Else als junge Frau, wie sie gerade in Liegnitz bei ihren Verwandten, also Wilhelm und Waltraud, zu Besuch war.

Sie war jedoch nicht allein, sondern ging Arm in Arm mit einem Mann spazieren, der in eine schneidige Uniform der Deutschen Wehrmacht gekleidet war. Dieser Mann, ich will es gleich vorwegnehmen, sollte sich später als mein Vater herauskristallisieren.

Sein Lebensweg ab seinem Erwachsensein hatte ein wenig Ähnlichkeit mit dem von Waltraud in der Zeit, als sie noch unter der Knute ihrer Stiefmutter ihr Dasein fristete.

In den ersten Jahren seiner Kindheit wuchs er in relativ ärmlichen Verhältnissen in einem kleinen Dorf in Schlesien auf. Sein Vater arbeitete in einem Steinbruch und seine Mutter war eine einfache Hausfrau, die zum Zeitpunkt seiner Geburt schon fünf Kindern das Leben geschenkt hatte. Sein Vater achtete nicht sonderlich darauf, dass seine Kinder eine fundierte Ausbildung erhielten, die eigentliche Erziehung lag mehr oder weniger allein in den Händen seiner Mutter.

Als diese unverhofft starb, verheiratete sich sein Vater wieder mit einer Frau, die weitere Kinder mit in die Ehe brachte. Jetzt erging es den Kindern aus der ersten Ehe seines Vaters fast genauso, wie Waltraud bei ihrer Stiefmutter. Mein Vater, der zu dieser Zeit bereits erwachsen war und keinerlei Berufsabschluss hatte, sah als einzige Möglichkeit, seinem Leben eine positive Wendung zu geben, sich bei der Wehrmacht als Berufssoldat zu verpflichten. Zu diesem Zweck verließ er sein Dorf, suchte sich in Liegnitz eine Unterkunft und bewarb sich bei der Wehrmacht.

Wie es der Zufall wollte, begann er seine militärische Laufbahn auch in einer in Liegnitz stationierten Einheit. Dort erreichte er in relativ kurzer Zeit den Dienstgrad des Oberfeldwebels und genau in dieser Zeit lernte er meine Mutter kennen, die, wie vormals erwähnt, zufälligerweise zu Besuch bei ihrem Onkel und ihrer Tante, war.

Nachdem er kurz nach Beginn des zweiten Weltkrieges mit ihr den Bund der Ehe geschlossen hatte, wurde die Kompanie meines Vaters an die französische Front nach Nordfrankreich abkommandiert.

Nun ergab es sich, dass mein Vater anlässlich eines Fronturlaubes im Sommer 1942, also während des Krieges, noch einmal zu seiner Familie nach Hause durfte. Es passierte hierbei nun das gleiche, wie damals bei Karl, als dieser nach der zweijährigen Wehrpflichtzeit wieder nach Hause kam. Wahrscheinlich war hier auch der Nachholbedarf hinsichtlich des lange vermissten Liebeslebens so groß, dass sich, obwohl man es tunlichst vermeiden wollte, kurz darauf bei meiner Mutter die Zeichen einer Schwangerschaft bemerkbar machten.

Als dann im März des folgenden Jahres als Resultat dieses Fronturlaubes meine Geburt erfolgte, wurde ihm ein kurzer Heimaturlaub gewährt, und anschließend musste er wieder an die Front zu seiner Einheit zurückkehren.

Nachdem ich das Alter von einem Jahr erreicht hatte, erkrankte ich an Diphterie und steckte meine Mutter an, die, im Gegensatz zu mir, diese Krankheit nicht überlebte.

In dieser Phase meines Traumes wurde ich jetzt wieder aus dem tiefen Schlaf gerissen und ich benötigte eine geraume Zeit, ehe ich begriff, dass ich alles wieder nur geträumt hatte.

In den folgenden Nächten war es, als ob in meinem Unterbewusstsein mit einem Schalter etwas ausgeknipst wurde, denn mit dem Tod meiner Mutter fanden die Erinnerungen an die in meinem Unterbewusstsein zutage getretenen, weit zurückliegenden Ereignisse ein abruptes Ende.

Was meine verstorbene Mutter betraf, so ließ sie mein Vater in seinem Heimatort, nämlich Liegnitz, auf einem kleinen deutschen

Friedhof begraben. Er ging damals noch von der irrigen Annahme aus, dass Deutschland den Krieg siegreich beenden und er danach wieder mit seinen Kindern dorthin zurückkehren würde.

Aber, wie wir ja wissen, kam es ganz anders und somit schließt sich der Kreis meiner wie durch ein Wunder an das Tageslicht gekommenen Erinnerungen mit der Rückverwandlung der Friedhofsfläche in Nutzland, womit ich wieder am Beginn meiner mysteriösen Geschichte angelangt bin. Denn, wie bereits eingangs erwähnt, grasten auf genau dieser Weidefläche die Rinder meines polnischen Freundes, die letztendlich nach ihrer Schlachtung in Form eines schönen Rinderbratens in meinen Körper gelangten und somit meiner Meinung nach über die damit verbundenen DNA-Spuren meiner Mutter als Ursache meiner geschilderten Träume anzusehen sind.